(英)丹尼尔·达塔斯奇 著 孙艺宁 译

图解 自行车 大百科

THE SPLENDID BOOK
OF THE BICYCLE

化学工业出版社
北京

也许你还记得刚学会骑自行车时自己有多兴奋，但以下有关自行车的一长串问题却未必都知道答案：

第一辆自行车长什么样？
第一个骑自行车的人是谁？
你相信自行车轮胎是兽医发明的吗？
自行车如何引发了女性着装改革？
导演和画家为什么都钟情于自行车？

《图解自行车大百科》是一本综合性的自行车百科全书，内容几乎涵盖了所有读者感兴趣的和想要了解的自行车知识。太多人会骑自行车，却很少有人知道自行车的前世和今生，这本《图解自行车大百科》将400多幅精美的插画、照片与通俗易懂的文字穿插互补，在生动活泼地讲述与自行车相关的人、物、事件的同时，也充分地带给读者阅读的快乐。

The Splendid Book of the Bicycle - From boneshakers to Bradley Wiggins by Daniel Tatarsky
ISBN 9781910232569

Copyright© Pavilion Books Company Ltd, 2016
First published in Great Britain in 2016 by Portico,
An imprint of Pavilion Books Company Limited, 43 Great Ormond Street, London, WC1N 3HZ

本书中文简体字版由Pavillion Books授权化学工业出版社独家出版发行。

本版本仅限在中国内地（不包括中国台湾地区和香港、澳门特别行政区）销售，不得销往中国以外的其他地区。未经许可，不得以任何方式复制或抄袭本书的任何部分，违者必究。

北京市版权局著作权合同登记号：01-2018-5805

图书在版编目（CIP）数据

图解自行车大百科/（英）丹尼尔·达塔斯奇（Daniel Tatarsky）著；孙艺宁译．—北京：化学工业出版社，2018.9
书名原文：The Splendid Book of the Bicycle
ISBN 978-7-122-32628-7

Ⅰ.①图⋯　Ⅱ.①丹⋯②孙⋯　Ⅲ.①自行车-图解　Ⅳ.①U481-64

中国版本图书馆CIP数据核字（2018）第155651号

责任编辑：宋　薇　　　　　　　　　装帧设计：张　辉
责任校对：边　涛

出版发行：化学工业出版社（北京市东城区青年湖南街13号　邮政编码100011）
印　　装：天津图文方嘉印刷有限公司
710mm×1000mm　1/16　印张12　字数225千字　2019年4月北京第1版第1次印刷

购书咨询：010-64518888　　　售后服务：010-64518899
网　　址：http：//www.cip.com.cn
凡购买本书，如有缺损质量问题，本社销售中心负责调换。

定　　价：98.00元　　　　　　　　　　　　　　　版权所有　违者必究

译者序

自行车是人类发明的最成功的一种人力机械之一，它是由许多简单机械组成的复杂机械，在中国使用的历史最早可以追溯到清同治七年（1868年）。当下，自行车常作为人类的一种交通工具，同时，骑自行车还是一项广受群众喜爱的体育健身运动，绿色环保、有益健康。

《图解自行车大百科》一书是由丹尼尔·达塔斯奇（Daniel Tatarsky）完成的，已被译为西文、法文、德文等语言出版。书中不仅讲述了自行车的发展历史和相关的名人逸事，同时还介绍了自行车动力学原理、机械原理及材料科学、自行车竞技赛事等诸多知识，《图解自行车大百科》充分体现出作者对自行车的了解和钻研以及执着与热爱，这也是本书得以成书的原因。本书在推广自行车运动，普及自行车文化，传播健康、环保的生活方式，让广大群众安全、正确、快乐地骑车等方面将产生积极影响。

在本书的翻译过程中，尤其要感谢李兆鹏先生，他凭借多年对黑龙江省自行车队进行服务与科研保障的丰富经验与专业知识，对专业术语及技术动作给予了大量的专业指导与帮助；黑龙江省滑冰中心的翻译祝士莹，对本书中部分词句意译提供了很多好的意见和建议；此外，还要感谢杨永生、高文岳、臧克成、沈玉婷、林子扬、宋来、张赢、张薇、白鹭、刘丹、胡国、张洪波、连洋、张志华、吴大才、齐超等在本书翻译过程中给予的大力支持。

《图解自行车大百科》涵盖了有关自行车从无到有、从功能到使用、从休闲到竞技的方方面面，对自行车爱好者而言绝对是一份不容错过的精美礼物！

译者

目 录

自行车的乐趣 /2

掘地而起 /5

从木马到震骨车 /6
大小轮自行车或普通自行车 /10
安全自行车的诞生 /14
自行车是怎样制成的？ /18
气动实验 /22
维多利亚时代的特技自行车手 /26
标志性自行车品牌 /30

勇往直前 /33

自行车环游世界 /34
自行车环游亚洲：美国老憨出洋记 /40
自行车旅行：走遍所有你想去的地方 /44
自行车的艺术 /50

公路车与越野车 /55

基础维护 /56
越野自行车党 /60
电影中的自行车 /66
山地自行车的诞生 /70
下坡车就此开始 /74
指标性自行车品牌 /78

自行车与社会 /81

南来北往——自行车横跨全球 /82
禅与补胎的艺术 /88
自行车准备作战 /90

《通缉机灵精》——送货男孩、警察、邮差 /94
"弹性和活力"——安妮·伦敦德里和合适的着装 /98
制造业的世纪 /102
自行车和广告艺术 /106

闪亮的车座 /109

环法自行车大赛 /110
环意大利自行车赛 /116
环西自行车赛 /123
最伟大的车手:从安杜兰(Indurain)到莫克斯(Merckx) /126
书中的自行车 /132
赛场 /136

科学与技术 /141

平衡现象——走进爱因斯坦 /142
空气动力学:缩短秒数 /144
1小时只有3600秒 /148
健身不只跟自行车有关 /153
勇敢向前冲!安全地摔倒 /157

回收与改革 /161

车轮的重塑——折叠自行车 /162
固定齿轮 轮辐回顾 /166
标志性自行车——哈雷自行车 /170
超越无限浮动,飞行和未来自行车 /172
自行车何时不再是自行车?蒸汽,汽油和电力 /176
关于自行车的碎碎念 /180

致谢 /184

自行车的乐趣

  生活中有许多时刻，就像是人生旅途中的路标一样，童年的第一段记忆、上学的第一天、第一个吻、婚礼、小生命的诞生……在这些美妙的记忆中，让人难以忘怀的却是第一次学骑自行车的那一天。

  当你突然能够保持平衡，恐惧感逐渐消失，感觉好像来到了时空隧道里，这感觉棒极了。当你不再需要儿童稳定器的时候，说明你进步了。但这也意味着第二段童年生活开始了。每一个骑自行车的人都会感觉更年轻、更快乐、更自由。与走路的单调或坐车的并发症相比，自行车能带给我们一种更为简单而又日常的魅力。谁能想到金属、橡胶和一条链子竟然能带来如此令人意想不到的回报：骑自行车不是令人讨厌的事情，而是非常快乐的事情。

  尽管有些发明已经半途而废了，比如蒸汽火车，也许很快就轮到内燃机，但是自行车却仍然保持着强劲的势头。1965年以前，汽车和自行车的生产一直并驾齐驱，每年产量约2000万辆。自2003年以来，每年生产的自行车超过1亿辆，达到了汽车生产数量的两倍多。而且，自行车从未在人们的生活中消失。汽车的更新换代很快，新的车型一上市，就会对其他车型造成冲击，而自行车爱好者们却每天都在尽力使他们的自行车恢复到最好的状态：修好被扎爆的轮胎，润滑链条，擦亮车把手，让他们的自行车永远光鲜亮丽，保持着最好的状态。

  尽管貌似简单，但是自行车的世界和生活本身一样多姿多彩。欢迎你翻开《图解自行车大百科》这本书。在这本书里，你会知道的不仅是关于自行车的基本构造，还有很多诸如它们的历史、它们的成就以及它们将来的模样。你还能探索关于战争时期的自行车、自行车空气动力学、电影里的自行车和那些最伟大的自行车探险家们。《图解自行车大百科》这本书是人类最好的伙伴之一——自行车（他的宠物狗除外）的指南。

左图:1930年,意大利《周日信使报(La Domenica del Corriere)》中的一张插图:一群意大利车手在进行环法自行车赛。

左下图:第二次世界大战中BSA伞兵折叠自行车。

从木马到震骨车

拨开时间的层层迷雾，人们是何时何地想到了自行车的车轮发明于古代，在那之前，滚轴——光滑的树干已经被用来给金字塔和巨石阵运送石头了。在过去的几个世纪里，四轮马车和二轮运货马车技术已经得到改善，在18世纪70年代中期，乘客们乘坐的马车用的是大的、嵌有钢轴辐条和扁钢轮胎的车轮。但是以18世纪启蒙运动后期为特点的改进不会就此止步，因为在理性的力量中有天生的信仰和机械世界观的力量。人类肯定不能一直满足于长久以来对马车的依赖而止步不前。

正是因为人类相信发明的力量，促使德国的卡尔·德拉伊斯（Karl Drais）在1817年发明了Laufmaschine（跑步机）。德拉伊斯是德国贵族，并支持德国1848年革命。他也是一位多产的发明家，他发明了打字机、音乐唱片机及绞肉机。然而他首创的木马却成为他最永垂不朽的遗产。

德拉伊斯的创新性在于放弃了对那些动力不足又难以驾驭的二轮或三轮手动驱动机器的使用。德拉伊斯发现两轮的机器可以通过微调转向装置而保持平衡。实际上德拉伊斯提供了一种用腿部强健的肌肉力量提高走路或跑步的方式，而车轮则增强了前进的动力。正如所有伟大的发明一样，虽然很简单却功能强大——同时，我们能看出，在现代生活中，平衡自行车是为幼儿们所设计的。

伟大的发明总是很快就被人模仿。第二年，伦敦的丹尼斯·约翰逊（Denis Johnson）就在德拉伊斯原有的基础之上进行了复制和改进，增加了脚踏和更为流畅的线条。德拉伊斯的发明迅速风靡于法国和英国的年轻时尚贵族们，在法国它被称为老式脚踏车或脚踏车，在英国被称为木马或人力自行车（因为它不用像真的马一样去不断进行维护）。紧接着就出现了许多嘲笑这个新贵族时尚的漫画。一篇名为《反对人力自行车步兵胜利》的漫画，讲述了一名铁匠，因为担忧自己的工作，撞毁了一个违规车辆，而一名兽医，同样因为担忧自己的工作，给一名被撞倒的骑手注射了大量致死性物质。而在后面，一只狗正在远处追逐着另一名骑手。尽管它在非骑行公众中不受欢迎，但是自行车（各式各样的）确实已经来到了人们的生活里。

自行车下一个阶段进化为震骨车，这是在人力自行车基础之上自然演变的过程。事实上，据说在1861年，一位巴黎的铁匠皮埃尔·米肖（Pierre Micheaux），在

他的车间里修理了一辆人力自行车,当时他把踏板和曲柄放在了前轮上。[其他文献记载则强调了来自南锡婴儿车制造商皮埃尔·拉勒芒(Pierre Lallement)的作用,因为他在1866年为类似的设计申请了专利。]

米肖的设计被称为"震骨车",因为其不同于"人力自行车",它将所有骑手的重量都被放在了车座上,而不是通过双腿被传到地面。但是它在某种程度上并不稳定,因为在踏板上施加的力量会把前轮扭转到另一侧。

绅士的节奏:1819年,约翰逊的人力自行车,后面还有一个高速骑行的人。

上图为一辆简洁大方的震骨车。用弹簧车座来平衡实心轮，并且有轻巧的后轮制动安全措施。那么问题来了：怎么骑这个车？一位震骨车新手做了大胆尝试。

在 19 世纪法国的鹅卵石街道上骑行可不是一件容易的事，木制的车轮和铁制的轮胎会不断发出嘎嘎的响声。所以为了适应环境，总是要适时做出一些改变——弹簧座、润滑的黄铜轴承、最简陋的刹车：一个压在后轮的木垫。1869 年的一幅作品展示了一个骑在震骨车上的人，它的标题是："我们的新自行车能打败速度最快的骏马"。

米肖的自行车公司成立于 1868 年，每天生产 5 辆自行车，很快他的设计就流行了起来。而其他的制造商也在改革的自己的产品。一位叫托马斯·麦考尔（Thomas McCall）的苏格兰人用一个与踏板相连的曲柄系统为后轮提供动力，尽量不让骑手全部跨坐在前轮上。而其他的制造商采用的是金属而不是木制辐条，并且用的是实心的橡胶车轮。到了 1869 年，成千上万的人开始生产震骨车。自行车真正意义上诞生了。

从木马到震骨车

大小轮自行车或普通自行车

米肖的震骨车是人类交通史上的一次革命。但它仍然面临着一些问题。其中一个问题就是骑行——当骑行在平坦的道路上还可以接受，但是在铺着鹅卵石的街道上，这就变成了一种折磨。另一个问题则是它的速度。当曲柄与前轮直接相连时，人类腿部所能承受的节奏（转数）限制了骑行的速度。正常的转动节奏是每分钟60转。将曲柄直接连接到车轮子上，比如说，一辆车轮为直径26英寸的现代山地车，可以达到每小时5英里的速度——这仅仅比走路的速度快一点儿。所以问题是，震骨车相对于步行略胜一筹，尤其是下山，但并未相差很多。

于是，普通自行车便应运而生，比如高轮车或大小轮自行车。乍一看的话，它一点也不普通，就像维多利亚时代的完美象征：留着胡子的严肃男人，坐在愚蠢又不牢靠的自行车上。人们可以从高处观望，但一旦发生碰撞，这种自行车绝对是致命的。尽管他们看起来有点儿蠢，但是其看似平凡的设计却拥有一个重要的功能：它在某种程度上加快了自行车的速度，在1876年，弗兰克·多兹（Frank Dodds）沿着剑桥大学骑行一个小时，平均速度达到了每小时15.8英里。1891年，这项纪录被弗雷德里克·奥斯蒙德（Frederick Osmond）打破，他在一小时内骑行了23英里。大小轮自行车的出现，自行车就不再只受到贵族子弟的追捧，而更多的是成为了一种交通工具：在适当的时间有效的通过一段路程。

对自行车历史进行正确的反思。该图为1935年,摩托车赛车手乔治·格林伍德(George Greenwood)在温布利球场骑大小轮自行车的场景。左图为1875年,体育项目的"骑手"和高轮车。

大小轮自行车或普通自行车

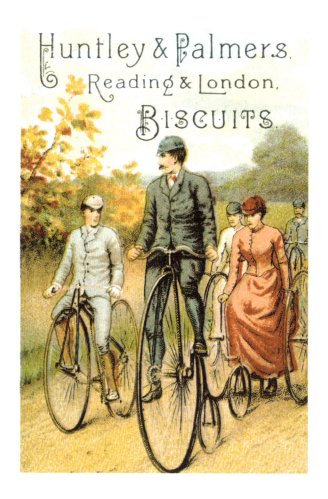

在自行车设计上，法国人发挥了重要作用。1868年，尤金·迈耶（Eugène Meyer）获得了金属辐条自行车的专利，并在次年，组装了一辆金属辐条的高轮车。有张力的辐条意味着能使轮子变得很轻，但却很牢固，他的大小取决于骑行者的腿部内侧。现在，车轮的尺寸既可以变大又不会变得笨拙，可以为身高较高的骑手增加至48～60英寸。

正如之前提到的，这种自行车很快又被模仿了。法国的高轮车被带到英国后，英国的制造商们进行迅速复制。1870年，詹姆斯·斯塔利（James Starley）获得了"爱丽尔"的专利——以莎

关于大小轮自行车的记录

1885年
威尔·罗伯逊（Will Robertson）骑着"明星"自行车——一个前面为小轮的模型——在华盛顿的美国参议院大楼下台阶。

1886年
乔治·P·米尔斯（George P. Mills）骑车从兰兹角到奥格罗茨，用时5天1小时45分钟。期间只睡了6个小时。

1886年
明尼阿波利斯的W.J.摩根（W. J. Morgan）无间断地骑行了234英里。

士比亚的《暴风雨》中的人物命名——这也是第一次批量生产完全由金属制造的自行车,由此他被称为"自行车产业之父"。爱丽尔登出了"最轻、最牢固、最优雅的现代自行车"的广告。最重要的是其前轮的张力辐条,承载了骑行者大部分的体重。张力辐条使得车轮比第一个高轮车要更轻——还实现了一定程度上的减震。1874年,在斯塔利发明的基础上进行了改进的切向编织辐条——设定一个辐条与车轮的半径所成角度,辐条在触及中心位置前互相交叉。通过这个构造的支撑,车轮不仅能够抵抗骑手和车身垂直的重力,通过车轮的辐条还能抵挡侧面的冲击力。作为一个终极奢侈品,斯塔利又增加了实心橡胶轮胎。因此,车轮又轻又结实,还具备减震的功能,而且可以通过调节辐条来保持这些功能,这个创新的设计几乎被用在了所有现代自行车上。

斯塔利和迈耶的设计很快风靡起来。直到1875年,高轮车才为世人所熟悉,大小轮自行车被英国的30家制造商生产了成千上万辆,而到1885年,则增加到22家制造商和40万辆。这些制造商们大多数来自于考文垂的缝纫机行业,比如辛格、斯威夫特和菲尼克斯。自行车自此告别了震骨的名号,开始变得轻盈、舒适,速度更快。

左图:那些美好时光。在1870年代的一次短途旅行,一位坐在三轮车上的女士走在其中。

下图:"大小轮自行车"的男子乐队在1890年巡演时摆的造型。

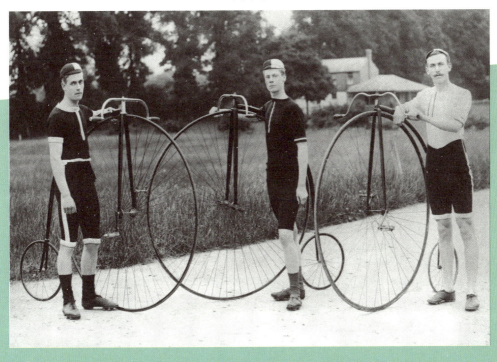

大小轮自行车或普通自行车

安全自行车的诞生

安全自行车弥补了普通自行车或大小轮自行车安全方面的缺陷。普通自行车前轮很大、重心过高,因而增加了骑行的危险性。要想让自行车更安全,应该从草图重新开始设计,包括车轮、踏板、车座和车把手的所有基本构件,去创造一些与众不同的东西。

让我们一起来看看安全自行车究竟有何魅力,能让人们在骑行时更快乐、更安全。

踏板

关于踏板,这里所说的进步实际上指的并非踏板本身,而是怎样通过踏板来带动自行车。不再是简单转动巨大无比的前轮,踏板移动到自行车的中心,通过链条带动后轮运动。用一条比后轮的链轮直径更大的链条,建立起积极的机械效应,这意味着踏板转动一圈能带动整个车轮转好多圈。

车轮

安全自行车有两个相同大小的轮子,这样就能大大减少受伤的可能性。首先,当自行车静止时,骑行者可以把双脚放在地面上。这样的话,立即启停都变得更加容易。你可以从脚下开始,三点着地,使重心更稳。停车也是一样的道理。其次,在停车的时候,可以减少对前轮的冲击力。同时,也与车座位置的变化有关系。

右图:约翰·坎普·斯塔利(John Kemp Starley)在骑他的罗孚安全自行车。

框架

大小轮自行车就其本身而言并没有框架。看起来更像是一个架起俩轮子的结构。安全自行车的核心就是金刚石框架，或者可以叫它的另一个名字（钻石）。实际上，就是在座杆两侧各形成一个三角形。两个三角形各有一边是从车座到齿盘。一个从两点延展到前轮的轴，另一个到后轮的轴。这两个三角形呈钻石形。

车把手

位于与车座水平的位置且处于前轮轴的上方，使骑自行车的人不得不保持一个姿势以更稳定地控制自行车，并且更有效地向踏板传递力量。

链条

如果没有链条，就不会有安全自行车。链条使得踏板移动时带动前轮，是整个前进过程的有效催化剂。因此我们应该感谢汉斯·雷诺，传动链或滚子链的发明者。

车座

通过使重心降低并回到机器本身，两个车轮之间的一切都变得更加稳固了。在大小轮自行车上看车把手是个主要问题，而在安全自行车上却不成难题。

安全自行车的诞生

罗孚是第一个被大批量生产且取得商业成功的安全自行车品牌。很快，自行车成为了人们重要的交通工具。自行车的发展和创新持续了至少125年。1870年代，第一辆安全自行车问世，花了10年的时间（马上我们就会讲到这个问题），但是在今天，我们仍然能在繁华的街道上看到它的身影。

有两个人被视为是"安全自行车之父"的人。第一个是亨利·约翰·劳森（Henry John Lawson），1852年出生于伦敦，一个黄铜车工的儿子。在1870年代早期，他与詹姆斯·莱克曼（James Likeman）在布莱顿一起研究手柄驱动式自行车，在那10年后，两个人为此共同申请了专利，也就是后来的安全自行车。这辆自行车被认为是第一个使用链驱动后轮的自行车，尽管前轮还是后轮直径的2倍。

劳森制造了第一辆被认可的安全自行车，约翰·坎普·斯塔利（John Kemp Starley）设计并制造出第一辆打进大众市场的自行车，并且令自行车成为最常见和经济适用的交通方式。而自行车之父詹姆斯用爱丽尔铺开了一条家族企业的道路，大小轮自行车的设计标志着自行车制造业在这个国家正式拉开帷幕。1885年，约翰·坎普·斯塔利生产的罗孚安全自行车，奠定了其在自行车史上的地位。

关于齿轮比率的解密

齿轮比率是通过比较齿链（输入）和链齿轮（输出）的数量进行计算的。如果链条有40个轮齿，链齿轮有10个轮齿，那么齿轮比率就是4∶1。也就是说踏板转动一整圈可以带动车轮转动4圈。你也可以采取其他的方法，比如40个轮齿的链条配50个轮齿的链齿轮，让齿轮比率变成4∶5，这样就使得踏板转动更多圈数才能带动车轮转一圈。当你出发或上坡的时候就可以随心所欲啦。

汽车与自行车

H.J. 劳森戴姆勒汽车公司成立。1904年,也就是在他去世3年后,J. K. 斯塔利(J.K. Starley)的罗孚自行车公司入驻汽车行业。

自行车是怎样制成的？

零件的命名

如果把自行车拆开，把所有的零件首尾相连铺在地上，能达到 50 米那么长！下面这部分是你的必备指南。

自行车车架

❶ 车座

在车座设计中最主要的区别在于是竞速自行车还是非竞速自行车。竞速自行车，骑手通常身体向前倾斜，从而将体重更均匀地分配到车座与车把之间，减少缓冲。一般来说，车座应与地面保持平行。通过座椅横档和座杆夹将车座固定在座杆上。

❷ 座杆

座杆将车座固定在适当位置并刚好放进立管。其高度可以调节。最理想的高度是双腿可以放松地来回伸展，脚后跟能触碰到踏板的最低位置。

❸ 座杆夹

座杆夹用来扣住座杆。

座杆要刚好放进立管中，这也是车架的一部分。虽然它是一个整体，但是车架其实包含许多部分。

❹ 上管是从车管到车把手的地方。

❺ 立管是从座椅下面到曲轴的地方。它将菱形车架分成两部分，形成了两个三角形。

❻ 后上叉用来连接立管上缘到后轮轴。

❼ 后下叉用来连接后轮轴与踏板。

❽ 下管用来连接踏板与车把手。

❾ 头管用来连接上管与下管且位于手把手下方。

❿ 前叉用来连接头管与前轮。

⓫ 车头碗组是装在头管上下两端的轴承零件，用以固定前叉转向管。

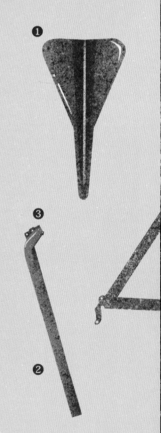

❶❷ 龙头

连接车把手与前叉转向管。

❶❸ 车把手

车把手基本上分为两种,其他的都是以此为基础进行的变化改良。其中一种车的车把向前下方弯曲,也就是我们所说的赛车,你可以一直前倾,握着弯曲部分的外端,或者可以直起身子握住弯曲部分的顶端。另一种类型则是大多数公路自行车的标准把手。它们直接从竖管出来并向后弯曲。这样的把手会令骑手坐得更直。而且车把手上有两样对自行车至关重要的东西。

❶❹ 刹车握把

按照英国的传统,左刹车握把用来控制后轮,而右刹车握把用来控制前轮。当然,连接握把的是刹车线。

❶❺ 变速器

由于变速器种类繁多,甚至可以写一整本书。有些需要用拇指控制,有些则需要转动或轻轻掰一下。选择可谓是多种多样。

自行车是怎样制成的?

❶❻ 刹车

刹车握把借助刹车线控制刹车，其主要有三种类型。使用轮圈刹车时，垫片压在轮圈上；使用盘式刹车时，垫片压在轮毂周围的金属盘上；使用鼓式刹车时，垫片向外压在轮毂外壳上。

❶❼ 前轮

从花鼓轴心开始：它位于前叉片叉口中。从花鼓轴向四周散开的辐条通过螺纹接头连接到车圈。这些螺纹接头能够调整辐条的张力。在前轮的车圈里有一个很有韧性的尼龙或橡胶条，用以保护内胎不受到螺纹接头的损害。在车圈里有一个从内胎穿过的小孔叫做阀门，它也是用于给内胎充气的管道。

大多数公路自行车的前后轮周围都有挡泥板。它们能够防止道路上的水和污泥通过轮胎溅到骑手的背部。

❶❽ 后轮

后轮大部分和前轮相同，但是其周围有更多的装置，也就是齿轮。

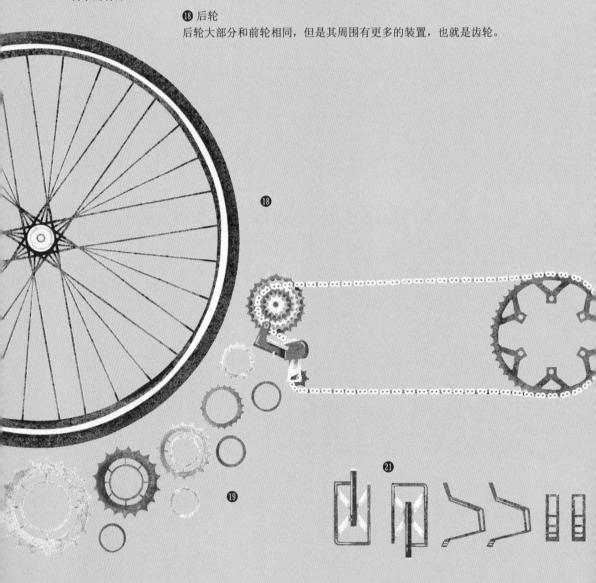

齿轮

齿轮装置主要有两种，分别为外部装置和内部装置。其不同之处在于前者所有的结构都能被看到，而后者所有的东西都在一个鼓内。

⓴ 外齿轮

这个装置包括两个主要部分。飞轮是一个由若干种不同大小的飞轮片组成的单独装置；变速器在飞轮下面。其工作原理是通过齿轮之间链条的变化，改变齿轮传动比。

⓴ 内齿轮

一个花鼓内包含一个行星齿轮，其最简单的样式由三个要素组成：太阳齿轮，行星齿轮和内齿轮。

最后要说的是引擎，但最后说不代表它是最不重要的。实际上是它使得所有零部件运转，并且也是骑行者的能量能被转移到自行车的有效途径。

㉑ 踏板

它是当你骑行时双脚放置的地方。

㉒ 曲柄与大齿盘

当骑手向踏板施力时，曲柄可以带动大齿盘旋转。在大齿盘内带有链轮的齿盘，用以带动链条，将骑行者的能量转移到后轮上……

现在，把你的自行车拆掉，一一说出所有零部件的名字，然后将它们全部组装在一起，骑上自行车，朝着夕阳的方向驶去。

自行车是怎样制成的？ 21

气动实验

邓禄普轮胎和软垫乘坐

虽然安全自行车降低了骑行的风险,但是骑起来还是不怎么舒服。现在骑自行车已经不像最开始那么难受了,因为早期的自行车上有一个用铁包着的木制轮子。骑行时,骑行者的臀部乃至全身都能感受到每一次颠簸。"震骨车"这个名字太贴切了。这要归功于19世纪上半叶的两位先驱,让我们现在几乎可以在任何地形上骑行,而我们的骨骼不受震动。

一位叫做查尔斯·麦金托什(Charles Goodyear)的格拉斯哥人在19世纪20年代早期发明了防水雨衣。他以他的名字命名,也就是现在广为人知的雨衣(Mackintosh),或者说是Mac,这项发明的关键原料就是印度橡胶。

这种物质在印度曾被用于防水,但麦金托什却发现了它对居住在多雨天气的苏格兰和其他地区人们的价值。它最大的贡献是使橡胶变得更柔韧,但即使在这种情况下,在极端的温度下,它也会受到影响,在高温中变得很黏,在寒冷中变得很脆。

接下来,也就是车轮的转动,源于查尔斯·古德伊尔(Charles Goodyear)。1844年,他被授予美国的硫化橡胶专利,通过添加硫黄来改变天然橡胶的性质。该专利克服了橡胶在自然状态下遇到的黏性和脆性问题。在这一点上,自行车头盔也一样,这要归功于英国威尔特郡的托马斯·汉考克(Thomas Hancock),尽管他更感兴趣的是为他的硫化橡胶开发不同的用途,但实际上,汉考克发明了一个处理它的机器。

硫化橡胶是被用作木制轮子上金属轮胎的第一个改进。在第一个例子中,这些轮胎是固体橡胶。它很灵活,也很结实,当然,这是对震骨车的改进——但是故事并没有结束。

第三个也是最后一个先驱者是苏格兰人约翰·博伊德·邓禄普(John Boyd Dunlop)。虽然麦金托什和古德伊尔都是化学家,因此他们做的这些工作都在人们意料之中,但邓洛普的贡献却很令人意外,因为他是一名兽医。因为工作的关系,

左图：约翰·博伊德·邓禄普，享年81岁，他的充气轮胎使他在老年时也能时刻保持着舒适。

下图：邓禄普的儿子，其发明的灵感来源，也是第一个充气轮胎的受益者。

他来到贝尔法斯特，并在19世纪80年代末，发明了第一个充气轮胎。人们常说需求乃发明之母，这便是一个典型的例子。有一次，他的儿子约翰尼向他抱怨在贝尔法斯特崎岖不平的街道上骑三轮车实在是太难受了。大约在同一时间，作为兽医的工作之一，他一直在为城市街道上拉重物的马做气垫项圈。

邓禄普将两个橡胶条黏合在一起做成了管子。他用细麻布裹好，把它粘在一个木盘上。第一个充气轮胎就这样被发明出来啦。1887年底到1888年12月，邓禄普为他的发明申请了专利，并彻底改变了自行车。

气动实验

轮胎之所以称为轮胎的原因

轮胎（tyre）最初的拼法是"tire"，因为它来自法语动词tirer。tirer的直译是拉、拖或取的意思。铁匠们将绑在木制车轮周围的金属称为"tirer"，当它被拉或拖时，轮子也一起被拉或拖。

在美国和加拿大，它的拼写仍然是"tire"，然而其他讲英语的国家则使用"tyre"。这是一个从来没有被人厌倦的争论。

关于重新发明轮子有一个很常用的表达方式，经常用来批判对已经使用的东西做相同的事情的新想法。对于约翰·博伊德·邓禄普（John Boyd Dunlop）来说，他确实重新发明了车轮，或者说至少是轮胎，因为最后在充气轮胎的发明上，他输给了一名叫做罗伯特·威廉·汤姆逊（Robert William Thomson）的苏格兰人。1847年，汤姆逊获得了一项"车轮改进"的专利，他的专利申请很清楚地表明，他的发明是一个充气轮胎："一个由一些空气和水密材料组成的中空带，例如硫化橡胶……并可以用空气充气。"可能是因为这项专利是在美国获得的，或者仅仅因为四十年的时间里，没有人利用它做任何事，但是邓禄普的专利和它几乎没有什么区别。尽管邓禄普的专利后来被专利局证明无效，但是他的名字却写进了历史。

如今，每天骑自行车的人和那些以骑自行车为生的专业人士之间存在着一种隔阂。对于那些骑自行车上班的人，也许只是为了娱乐，轮胎的标准是关键所在。轮胎被安装在车轮的边缘。在轮胎内部，还有一个独立的内胎受其保护。专业人士则使用管式轮胎。这就是轮胎和内胎连接在一起、附着在轮子上。这种轮胎的修理很困难，但是由于它的重量减轻了，所以它更适用于竞赛。

上图：1845年，罗伯特·威廉·汤姆逊（Robert William Thomson）的专利申请。

左图：邓禄普轮胎的广告海报；第一个生产的充气轮胎彻底改变了自行车。

气动实验

维多利亚时代的特技自

音乐厅和马戏团是维多利亚时代流行文化的核心。草图和歌曲反映了工人阶级的存在——工厂车间重复的机械劳动。但是很快,自行车就成为了维多利亚时代时舞台上最受欢迎的特色表演之一——与传统的动物、舞者和大力士的混合相比,人与机器之间的结合更具有亲和力。

表演包括许多特技,如一个小男孩踩在另一个男孩肩膀上表演自行车前轮离地平衡特技,还有一个男人在两根蜡烛上保持自行车的平衡。美国特技演员罗伯特·范德沃特(Robert Vandervoort)——1902年,他是第一个在康尼岛(Coney Island)上骑自行车环岛的人。在一辆特别改装的自行车上,既没有踏板也没有刹车,范德沃特沿着一个木制下坡骑去,然后在一个40英尺高的铁环上骑行。1902年4月,《克林顿晨报》报道如下:

在没有其他外力的帮助下,他沿着陡峭的斜坡向下骑去,然后骑上了一个凹面直至他的头部朝下再继续往下骑出铁圈,如此冷静而又沉稳地在100英尺以外的地

行车手

上图：炫技：维多利亚时代的女子花样自行车展示团队。

左图：基斯的自行车赛道。1901年，在纽约基斯的联合广场大剧院，骑自行车的人在舞台上表演。

方停下来。

1903年5月，范德沃特进行了世界巡演，并在伦敦为国王爱德华七世（King Edward VII）进行了专场演出。

其他那些没有那么大胆的表演将音乐和自行车结合起来，其中包括骑自行车的艾略特和音乐剧萨沃纳，用自行车和萨克斯进行表演。有时，表演也将竞技运动与马戏团的色情内容结合起来。在世纪之交的时候，观众们的欢呼声不仅是因为考夫曼（Kaufmann）骑自行车的美女们整齐同步的蹬车，还因为她们都穿着紧身的骑行装，看起来就像打扮得花里胡哨的自行车运动员，戴着花帽而非头盔。

自行车的特技并不局限于专业人士。1901年，伊泽贝尔·马克思（Isobel Marks）出版了一套《花式自行车》：致业余爱好者们的自行车特技。在这本书里，我们镇定自若的马克思小姐提供了一些指导，比如在黄瓜三明治已经吃光的情况下，如何使得爱德华时代的游园会仍旧生气盎然、博人眼球。她的目标是："把许多优雅、大胆、令人着迷的技艺描述出来，任何一个有勇气的骑手都能完成的技艺"。勇气是被战争束缚的爱德华人应该具备的东西。

花式技巧包括很多经典动作，如"蝴蝶舞"——一边双手不扶着车把一边挥舞着骑行，"骑独轮"——让自行车前轮离地，靠后轮支撑平衡，及"坐车把向后骑行"——这个动作的关键是双臂交叉，营造出一种漫不经心、无忧无虑的样子和状态。但是，也许最有意思的特技是"跳环"啦。在这个特技里，骑行者在骑行中不能用手把着车把，手里拿着一个大的木环，然后从她的前轮下过。马克思小姐接着说："结果，圆环灵活的一转，倾向后轮，并穿过去。然后，它再次被高举过头，重新进行一系列的动作"。

维多利亚时代的特技自行车手

左图：独腿的自行车骑手查理·基尔帕特里克（Charley Kilpatrick），他在表演骑着自行车下台阶的惊人壮举。

下图：1965年，横井莉莉（Lilly Yokoi）在好莱坞秀上表演。

所有这些花式特技表演的关键是面部一直没什么表情。不管这个特技有多么令人恐惧、多么不顾死活或多么愚蠢，它都比保持某种礼仪要重要得多。男人们穿着粗花呢、戴着小礼帽，而非穿着莱卡、戴着头盔。女人们穿着宽松的裙子和紧身胸衣。如果你的举止失礼了，伊泽贝尔会告诉你怎样才能改正。有些章节是关于"脱掉外套"和"捡手帕"——这是许多爱德华时代勇敢的人们最喜欢的特技，但这次却有了一定的变化。

可以预见的是，在英国上流社会中，自行车运动从未流行起来。但在德国，情况则大相径庭。在那里，"花式自行车"得到了很好的推广，并且时至今日，仍然发展得很好。这里骑自行车的人们，或一个人，或成群结队，有时则两个人骑一辆自行车，在竞技场的10米广场上进行体育和杂技的动作。一般来说，他们可以在5分钟内完成30个不同的动作。当今的世界冠军是来自德国的凯特琳·舒尔特海斯（Katrin Schultheis）和桑德拉·施普林克迈尔（Sandra Sprinkmeier），他们从2007年起就以其强大的运动能力、力量和优雅三者结合来主导这项运动。

当然，花式特技的存在只能作为一种娱乐，而非一项运动。历史上最具才华的自行车手，横井·莉莉（Lilly Yokoi），一名技艺高超的日裔美国人，她被称为"金色自行车上的芭蕾舞女"，在20世纪六七十年代的时候，她的表演总是能让观众们拍手叫好。电影片段从她精彩的表演开始。她穿着透明的紧身衣和金色的紧身连衣裤，在自己镀金的自行车上快速地一圈又一圈骑行。她摘掉车把手，单脚骑车。然后停下来，前轮离地向后骑了一圈。最后，随着鼓声和铙钹的演奏，让后轮像脚尖旋转一样转了几十圈后以一个优雅的鞠躬结束表演。

在莉莉身上我们看到了20世纪60年代时期所有的魅力和闪光点，同时也体现了自行车无与伦比的内在：人类与机器，二者完美结合带来的快乐要比其各部分相加的总和要多得多。

维多利亚时代的特技自行车手

标志性自行车品牌

莫尔顿（THE MOULTON）

你会重新发明车轮吗？可能不会。你会重新设计自行车吗？也许会。对亚历克斯·莫尔顿（Alex Moulton）博士而言，从1962年开始，花费自己几十年的时间来设计自行车，无疑是对他自己的巨大挑战。

莫尔顿出生在工业背景下，他的家族拥有一家橡胶公司，他曾就读于剑桥大学工程学专业。在其家族企业被收购后，20世纪50年代末，他成立了一家新公司——莫尔顿发展有限公司。该公司的第一项工作任务是为莫尔顿的朋友亚历克·伊斯格尼斯爵士（Alec Issigonis）设计的20世纪60年代标志性的汽车开发迷你版的"液压平衡"橡胶悬架。这个革命性的新悬架为他创造同样具有革命性的自行车设计，给予了很大的启发。

20世纪50年代后期，由于苏伊士运河危机引起了石油价格上涨，自行车在经历了长时间的衰退之后，再次被人们所追捧。然而，莫尔顿意识到，人们不愿意使用自行车主要是因为重心太高以及骑行时不易操纵。此外，巨大的车轮使自行车很难存放，尤其是在英国迅速崛起的高层公寓大楼里。因此，他决定要设计一款舒适的、小轮的且能吸引广大民众的自行车。

然而，小轮却更易导致滚动阻力加大，并且减震效果更差。厚的轮胎虽然能够增加舒适感，但却降低了自行车的速度。因此，莫尔顿设计了小型、高压的16英寸车轮和轮胎，并克服了前和后悬挂操纵性差而造成的行驶问题。把所有这些都安装在一个F形的支架上。在车架的后部有一个后置行李架。

莫尔顿M1的革命性设计是在1962年的伯爵宫汽车展上推出的，并给了当时的市场一个猛烈的冲击。这个新型、五彩缤纷、男女皆宜的设计,迅速得到了 20 世纪 60 年代年轻人们的热烈欢迎,至今仍有着大批狂热的粉丝。

道斯"星系"(The Dawes Galaxy)

你知道有史以来最伟大的自行车是什么吗?最原始的安全自行车,它在大多数现代自行车的设计中还保留了多少?罗利牌自行车,在全世界范围内被模仿了几百万次?就其在环球旅行中的成就而言,它可能是一辆在旅游自行车里令人敬畏的斗士,它就是道斯"星系"。

道斯"星系"诞生于 1971 年,与其说它是个单一的机器,不如说它更像是星座系列自行车,它以多种变化为特色,例如星系+、超级星系、超星系和星系双星。但是,自行车的核心都是一样的:长轴距、加固的框架、高质量的零部件,以及无论何时何地都能适应各种道路环境。

伯明翰的道斯公司——英国自行车的发源地——其始于 1906 年,当时查尔斯·道斯(Charles Dawes)和厄尼·汉弗莱斯(Ernie Humphries)在生产摩托车。20 年后,道斯建立了自己的自行车制造厂,1930 年,他把生意交给了他的儿子威尔弗雷德。该公司很快因为其过硬的质量和优质的客户服务赢得了赞誉。

1951 年,在英国的艺术节上,道斯揭开了"信使"的面纱:一款轻便的适合骑行去旅行的自行车。接下来是"疾风",一款更高级的旅游自行车。这些都是 1971 年问世并征服世界的星系自行车的祖先。尽管以前的旅行自行车通常是昂贵的定制款,但是星系提供了一个廉价的、现成的解决方案。其最主要的核心是用于手工框架的雷诺 531 管。这种锰-钼中碳钢不仅给予了车架一定的强度,同时还具有灵活性,其结合了长轴距且松弛的几何结构,而且很容易减轻对道路的冲击力。

从那时起,星系自行车开始在世界各地流行起来,时至今日,仍在生产。在 2010 年克莱尔·巴尔丁(Clare Balding)的电视系列节目《英国骑自行车》中我们可以看到许多原始设计的优点,在那个节目里,作为记者和自行车指南作家,哈罗德·布里克利夫(Harold Briercliffe)骑着道斯旅行自行车开始了在英国的骑行。

自行车环游世界

不同凡响的托马斯·史蒂文斯（Thomas Stevens）

托马斯·史蒂文斯是第一个骑自行车环球旅行的人——他用的是大小轮自行车，而不是相对比较现代的安全自行车。

1854年，史蒂文斯在伯克姆斯特德出生，但在1871年移居去了美国。他在铁路工厂找到了一份工作，同时，他也经常去旧金山的自行车俱乐部。后来，他获得了一辆50英寸哥伦比亚的标准大小轮自行车，并于1884年4月22日，决定骑自行车环游世界。他轻装上阵：一些袜子和一件衬衫，一件能当作帐篷的雨衣，铺盖卷和一把".38"口径的史密斯威森左轮手枪。一位同时代的人是这样描述他的："中等身材、穿着一件超大号的蓝色法兰绒衬衫，塞进了紧身裤里"。他的肤色晒得跟螺母一样，还有脸上的翘八字胡。

史蒂文斯沿着加州小道，追寻着那些在19世纪中一代又一代的移民者和淘金者从平原穿越到金州的足迹。路途很艰难，史蒂文斯被迫只能走完整个路程的三分之一。但是他也记录了美国原住民人口迅速减少的困境：

英勇的托马斯·史蒂文斯戴着陆军头盔、必需品和他的小胡子出发啦。

我经过一个印第安迪格尔人的小营地,对那些觉得我的自行车像个谜一样的人们来说,这是他们见过的第一个会移动的东西;他们目不转睛地盯着。长期慢性的饥饿和苦难几乎将这些迪格尔人最后一点点精力也消磨殆尽了。在当地山区里发现金矿成为了他们的痛苦之源……

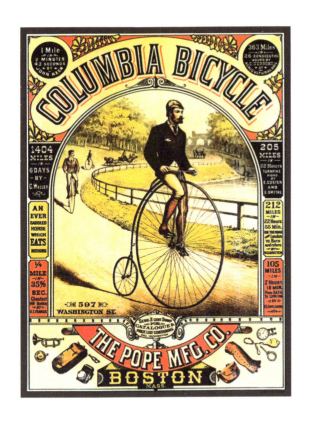

史蒂文斯继续他的旅程,土狼偷偷地跟着他,他沿着特拉基河的路线,并努力向前直至来到沙漠。在行走了3700英里,经过了马车道、铁路、纤道和公路之后,他抵达了波士顿,到此为止,他的旅行已进行了103天。

史蒂文斯在波士顿度过了整个冬天,然后与一个公司巡演回来的演员们一同登上芝加哥号前往利物浦。几周后,他离开利物浦,和安菲尔德自行车俱乐部的会员们组建了一个仪仗队。

史蒂文斯向南在光滑、路面铺有碎石的公路上快乐骑行,穿过柴郡、斯塔福德郡风景如画的城镇和村庄以及周围的郡县,把一个美

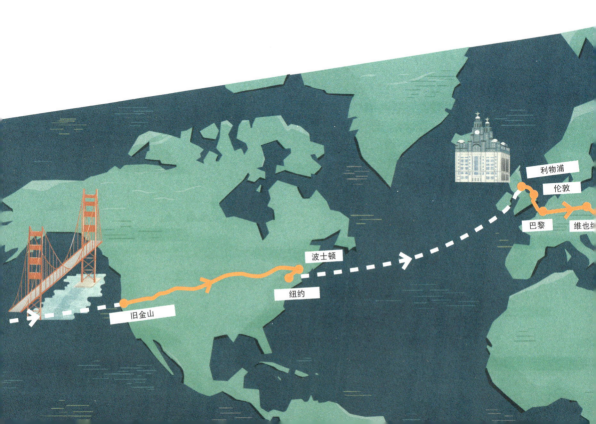

国白人军队的头盔当作帽子戴着玩儿。"英格兰,"他总结道,"是自行车爱好者的自然乐园。"当他来到沃特福德,遇见了伦敦北部三轮车俱乐部的队长。

在伦敦,他遇到了"英国自行车之王"马约尔·托马斯·诺克斯·福尔摩斯(Major Thomas Knox Holmes),他曾在 78 岁时,在 10 个小时内骑行了 114 英里。接着,史蒂文斯来到了布莱顿,在出发前往纽黑文港口前参观了水族馆。在他启程去往迪耶普时,他深情回顾自己的英国之旅:"在那些愉快的记忆里,印象最深的就是骑行在没有任何辅助的前三百米路上。"

在迪耶普为自己的自行车支付关税进行争辩后,史蒂文斯继续在法国前行——"在诺曼底沿着美丽的阿克斯河谷骑行"。他经过鲁昂、丰特奈和斯特拉斯堡进入德国的图宾根、阿尔特海姆和奥地利的维也纳。接着去了许多欧洲人未知的亚洲土地,然后到了匈牙利、塞尔维亚、保加利亚、土耳其。史蒂文斯成为伊朗国王的客人,并在那里待了一冬天,他给国王展示了自己骑自行车的能力,在宫殿的花园里飞速骑行。

后因被怀疑是俄罗斯间谍,史蒂文斯从阿富汗被驱逐出境,他再次出发了。他看了看船行的轨迹,审视自行车一路为他带来的存在感,远胜于他去过的那些国家:

左上图:1886 年的哥伦比亚高轮车的广告——也就是史蒂文斯骑的那种自行车。
左图:史蒂文斯不可思议之旅的地图。他在伊斯坦布尔徘徊不前是为了买一支更好的手枪。

"这些人显然对我骑自行车来这里这种奇怪而神秘的方式很感兴趣:我是谁?我是干什么的?为什么我的旅行方式这么奇妙?这些问题让我遇见的亚洲人充分发挥了他们的想象力,他们非常不愿意看到我再次消失,在没有更多了解关于我和我那了不起的铁马的讯息之前,他们是非常不愿意我离开的。"

在巴库和埃及停留后,斯蒂文斯来到了印度,当时正值英国统治的鼎盛时期。史蒂文斯发现自己置身于更为熟悉的环境中。他把他的军用头盔换成了宽边的头盔,然后沿着主干道出发,这条路从阿富汗边境的白沙瓦一直延伸到加尔各答。他写道,"这是一条宏伟的骑行之路;它不仅宽广、平坦、平稳,而且在两侧的树荫下变成了

下图：片刻的喘息：托马斯·史蒂文斯在日本参加一个茶话会休息的时候。

右下图：史蒂文斯被中国一群民众所包围，他们愤恨于中国与法国的战争，认为斯蒂文斯是一个导致他们的农作物歉收的巫师。

真正意义上的林荫大道"。在旁遮普，他遇到了一个骑震骨车的当地人，他碰了碰他的穆斯林头巾，以示源于自行车的神秘兄弟情谊。

他最终搭乘了一艘从加尔各答到香港的轮船，在途经中国南部时，遭遇了一些困难。他被一群愤怒的人们推搡着——他的"上衣后摆被猛拉住，自行车被迫停了下来，头盔也被撞掉了"。他还经常迷路。后来他卷入了一场骚乱，在被当地法官救之前，自行车坏了好几根辐条。相比之下，日本是一个平静的岛屿。在他踏上旅程的最后一站之前，美国领事馆款待了他，尽管他与一只长尾猫发生了碰撞，但他还是于1886年12月17日抵达横滨，最后乘坐一艘蒸汽船前往旧金山，然后回了家。

史蒂文斯的旅程留下了一个非凡的成就——他是自行车界里真正的费迪南德·麦哲伦（Ferdinand Magellan，西班牙航海家）。自此之后，成百上千的人追寻着他的足迹。但是史蒂文斯永远都是第一，并且他的冒险、幽默和勇气都是无与伦比的。

自行车环游世界 39

自行车环游亚洲：
美国老憨出洋记

托马斯·斯蒂文斯的非凡之旅很快鼓舞并吸引了其他自行车手追随他的脚步。1892年，24岁的弗兰克·伦兹从匹兹堡出发，骑着一辆胜利牌的安全自行车，开始了自己的环球之旅。但在成功穿越美国、中国和印度之后，伦兹的旅程最后以悲剧告终。1894年5月，他在土耳其东部的埃尔祖鲁姆（Erzurum）公路上失踪，有可能是在一条暴涨的河流中淹死的，也有可能是被库尔德强盗杀害的。伦兹的失踪使得19世纪晚期那些想去往东方旅行的人们变得清醒。生前的最后一张照片是他在一条遥远的土耳其公路上骑着自行车，戴着一顶鸭舌帽，凝视着镜头。

另外两名毕业于华盛顿大学的年轻美国人——托马斯·艾伦和威廉·萨赫特勒本，则更为成功。萨赫特勒本是一位伊利诺斯州商人的儿子，他在家乡因健壮勇敢而出名。他比艾伦大两岁，在他25岁时，就比艾伦高1英寸，而且更强壮。艾伦是圣路易斯一位法官的儿子，尽管他看起来没有那么强壮，但很有毅力，无论结局如何，他都决定追随他的发小一起。虽然他们的计划是出于年轻人的一种冲动，但同时也是19世纪后期，美国人自信的体现。在那之后不久，美国从第一次世界大战中脱颖而出，成为了世界强国，而萨赫特勒本和艾伦的旅行刚好体现了这种新崛起的美国佬的信心。在刚毕业不久，也就是1890年，他们骑着歌手牌的安全自行车开始了在英国的自行车之旅，但很快他们问

上图为艾伦和萨赫特勒本骑在安全自行车上在摄影棚里亮相。他们特制的包被固定在自行车车架上。

自己——为什么不继续去欧洲和亚洲呢?

他们给自行车进行了升级,购进了美国制造的易洛魁人牌充气轮胎自行车。他们拜访了美国大使(亚伯拉罕·林肯的儿子),大使问他们的父母是否知道他们在做什么事情。很明显,大家认为这些年轻人是很鲁莽的,但萨特莱本却是这样为他们的计划进行争辩的:

坐头等舱旅行就像待在自己的国家一样,太方便了。对我们来说,我们早已厌倦了火车和人工,以及现代酒店。我们喜欢在自行车上自由驰骋,无拘无束,徜徉在朴实无华的大自然和人群中。

自行车环游亚洲:美国老憨出洋记   41

他们带着特别设计的自行车包出发了。他们向过去的探险家们致敬，来到了热那亚的克里斯托弗·哥伦布的家。其余时间里，他们就没有那么满怀崇敬啦——骑进罗马斗兽场里。

当他们来到亚洲时，他们的旅程才真正意义上开始了。这是史蒂文斯在 1884 ～ 1886 年的史诗之旅中绕开的地方。他们没有导游或翻译，决定一切全靠自己。在土耳其中部的锡瓦斯，他们都感染了伤寒，在传教士的帮助下，他们渐渐好了起来。在食物方面，他们曾经"吃过很特别的菜肴，甚至包括精心准备的水蛭"。他们爬上了阿拉拉特山，那是诺亚方舟曾搁浅的地方，站在土耳其、俄罗斯和波斯帝国的交叉口。这段旅程本身就是一次冒险，他们曾在 11000 英尺海拔的地方过夜，因为唾液缺乏，在那里他们几乎无法进食。最后，他们到达了山顶，挥舞着星条旗，鸣枪以示庆祝，尽管他们并未发现诺亚方舟的痕迹。

紧接着，他们来到了波斯（伊朗），在麦什德向政府首脑展示他们的自行车，并会见了俄罗斯领事和他的英国妻子。他们去过乌兹别克斯坦撒马尔罕的坦布利尼陵墓。在塔什干被扣押了整个冬

上图：1892 年 10 月，在中国，此时他们穿越亚洲之旅已接近尾声。

右图：他们离开德黑兰时向当地人致敬。

天，萨赫特勒本因为一些自行车的零部件赶回英国，途经君士坦丁堡，仅用了 16 天就回来了。两个人在 5 月份再次出发，在俄罗斯的草原上，平均每小时 7 英里，最终穿越霍尔格斯河来到中国。

当因在海关延误而等待所需文件的时候，他们开始学习中文。为了减轻重量，他们缩短了车把和座杆，找铁匠修好了一个破损的齿轮。在中国他们用不了钱和信用卡，而且吃饭的时候周围总是围着很多人，向这两个留着长胡子的野人和他们的铁马投来异样的目光。

通过一条狭窄却又富饶的地带，他们穿过了戈壁沙漠，吃着加糖的自制面包，用金属丝固定了一个坏掉的车架。终于，他们到达了中国长城的西门，上面写着两个大字：文明。在 1892 年 11 月初，他们到达了北京，次月，经过日本，然后启程去往美国。1893 年 6 月，他们到达纽约。艾伦和萨赫特勒本已骑行超过了 18 000 英里（28 968 公里），但同时很重要的是，他们用伊士曼相机拍摄了成千上万张照片，并写满了几十本笔记，随着他们事迹的出版，促进了接下来几年自行车行业的繁荣发展。

在得知他的先行者弗兰克·伦兹在一次不幸的远途后遇难，萨赫特勒本在休斯顿定居下来，而且巧合的是，就像托马斯·斯蒂文斯一样，成为了一名剧场经理。或许是因为他花了两年时间拼凑自行车的经历，托马斯·艾伦则成为一名工程师。

LEAVING TEHERAN FOR MESHED.

自行车旅行：走遍所有你想去的地方

19世纪后期，在诸如托马斯·史蒂文斯之类的冒险经历之后，自行车被视为一种更奇特的娱乐方式，但却成为了一种可行的交通工具。这使得交通方式变得更加有乐趣：浏览世界的渴望，重回大自然的怀抱——与19世纪晚期的发明结合在一起，这张照片记录了一切，并为自行车的历史做出了自己的贡献。

热爱骑自行车旅行的人越来越多，很快就成为了中产阶级喜爱的消遣。作家、思想家和音乐家们，如阿瑟·柯南·道尔（Arthur Conan Doyle）、乔治·萧伯纳（George Bernard Shaw）、伯特兰·罗素（Bertrand Russell）、托马斯·哈代（Thomas Hardy）和爱德华·埃尔加（Edward Elgar），都曾在英国乡村的道路上

右图：彻底迷路了。在20世纪30年代，几名自行车游客在英国某地的公路上查阅地图。

下图：1936年，在俄勒冈州海岸高速公路上，一群年轻的美国骑手停下来看太平洋。

驰骋。威尔斯总结了这种无拘无束的乐观主义："当我看到一个成年人骑着自行车时，我才不会对人类的未来感到绝望。"

1896年，自行车旅游俱乐部在英国成立，到1899年为止，其已拥有6万名会员。该俱乐部会组织集会，培养导游，并为其俱乐部成员举行竞选活动，向自行车手开放摄政公园和里士满公园。该俱乐部在陡峭的山顶上放置了警告标识。它的成员们经常穿着制服，以便于可以认出其他成员。在美国，美国骑手联盟成立于1880年；到1898年，它拥有超过10万名自行车狂热爱好者。而法国人则紧随其后，成立了法国旅游协会。法国小说家埃米尔·左拉（Emile Zola）是一位自行车爱好者，在他的小说《巴黎》（1898）中，记录了一段关于骑自行车旅行的兴奋感：

这两个人被他们的机器带下山去。紧随而来的是巨大的快感，在闪电般、惊心动魄的飞轮下，令人眩晕的平衡感消失了，灰色的小路在他们的脚下飞驰而过，树木像扇子一样从两边迅速掠过……这就是无尽的希望，穿越空间，从所有沉重的枷锁中释放出来。心好似在广阔的天空中跳跃一般，没有什么比这更令人欢欣鼓舞的了。

自行车旅行：走遍所有你想去的地方

对英格兰以及欧洲大部分地区，特别重要的是引入一周 40 个小时的工作时间和每年两周的带薪假期。现在参加工作的男人和女人们都有一定的休闲时间和度假时间，但是在廉价航空出现之前的时代里，仍要求人们以各种经济形式才能出行。而自行车刚好提供了这种经济上的自由，同时，与许多人忙碌的工业化工作形成了鲜明的对比。在《机会之轮》（The Wheels of Chance）中，威尔斯在一张图里捕捉到了这种新发现的自由，一位沮丧的布商通过他的滚压机得到了释放：

> 那些人们只有辛苦劳作六七天，才能换来全年中仅有的两周或十天时间来体验假期有多么美好。所有沉闷的事情，那些令人乏味枯燥的日子突然离你而去，挣脱束缚……里士满路上有许多画眉，在帕特尼希斯还有一只云雀呢。空气是那么清新；经过夜的洗礼，露珠在树叶和青草上闪闪发光……他骑着他的车驶向帕特尼山，唱起了心灵之歌。

1939年《图画邮报》（Picture Post）的一幅图片：1939年，狂热的自行车游客来到山里。一个送牛奶的男孩很羡慕地看着他们。

左图：20 世纪 40 年代的一则广告，一位迷路了、又十分疲惫、略显矮胖的徒步旅行者超希望自己带了一辆自行车来，而在后面骑车的那些游客们却能很快到家喝上茶了。

右图：英国最佳风景之一：1939 年，一群年龄各不相同的自行车骑手推着他们的自行车到了苏塞克斯的蒂奇灵·比肯（Ditchling Beacon）山的顶端。

随着汽车在 20 世纪的问世，中产阶级很快就开始采用更为舒适的旅行方式。但自行车旅行仍然是下流社会和工人阶级的首选。自行车旅游俱乐部组织了许多为期一周的旅游活动，住在推荐的酒店里，只需约 3 英镑。露营装备是退伍兵的装备，它们的设计既轻便又易于使用。还有导游指导骑手们去往风景最佳的路线和经济型的酒店。

对许多人来说，最关键的是自行车旅行和战争时期"户外运动"之间的共鸣。在德国，出现了青年旅舍，旨在鼓励战后的国际合作和互相理解。英国紧随其后，于 1930 年成立了青年旅舍协会；到 1939 年为止，共有 297 间旅舍和 83 000 名会员。自行车旅行也作为在英国度假胜地的重要组成部分，出现在伊妮德·布莱顿（Enid Blyton）的作品中，在其著名的《五伙伴历险记》（Famous Five）中记录了童年时期的关于大狗蒂米、野餐、姜汁啤酒、自行车打气筒和自行车等内容。

现代自行车之旅

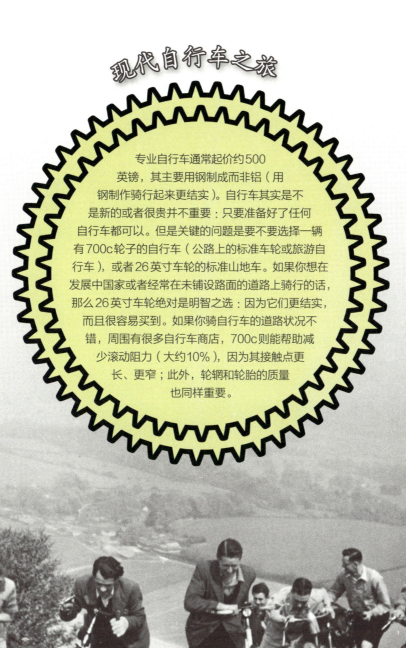

专业自行车通常起价约500英镑，其主要用钢制成而非铝（用钢制作骑行起来更结实）。自行车其实是不是新的或者很贵并不重要：只要准备好了任何自行车都可以。但是关键的问题是要不要选择一辆有700c轮子的自行车（公路上的标准车轮或旅游自行车），或者26英寸车轮的标准山地车。如果你想在发展中国家或者经常在未铺设路面的道路上骑行的话，那么26英寸车轮绝对是明智之选：因为它们更结实，而且很容易买到。如果你骑自行车的道路状况不错，周围有很多自行车商店，700c则能帮助减少滚动阻力（大约10%），因为其接触点更长、更窄；此外，轮辋和轮胎的质量也同样重要。

自行车的艺术

到了 19 世纪的最后 10 年,欧洲大约已有 100 万辆自行车了——其中大部分在英国,也有许多在法国、德国和比利时。因此,自行车在现代历史上最重要的时期之一达到了鼎盛时代——当妇女运动取得进展,马可尼发明了收音机,在欧洲列强"掠取非洲"的最盛时期,以及导致第一次世界大战的紧张局势之时。但是,这也是一个伟大的艺术创新时期。

印象派画家和后印象派画家反对 19 世纪艺术的静态现实主义,并开始尝试新技术和新观念——对现实的不稳定性更具有动态感,以及对感知的积极作用。但对这种新美学来说,最关键的是动感及速度,其反映了工业化国家的新现实。而自行车被视为艺术家创作灵感的合适主题——它象征着现代社会的匆忙和兴奋。

左图:亨利·德·图卢兹·劳特瑞克(Henri de Toulouse-Lautrec):1896 年 La Chaîne Simpson 的广告海报。

右图:印象派画家乔治·斯坦(Georges Stein)的香榭丽舍大街。

当然,自行车是由传统画家所描绘的。在 20 世纪早期,有一个传说,莱昂纳多在手抄本上画了一幅自行车草图,尽管这只是一个传说。但是 19 世纪 90 年代的自行车热潮却与法国海报艺术的时代相吻合。随着资本主义和工业化的兴起,艺术本身成为"商品化的东西"——广告将艺术工艺和专业技术上升到新的高度(见第 106 页)。自行车在这种新的商业风格中成为一颗璀璨的新星。对于新一代的艺术家和设计师来说,自行车的曲线和圆圈几乎成了人类形体的镜像。于是,海报也不可避免地将自行车和美女相结合——这可能反映了新时代女性的自由——但同时也反映出自行车的曲线象征着文静含蓄。

这种对自行车的优雅感,在印象派女艺术家乔治·斯坦的《香榭丽舍大道》中体现得淋漓尽致。斯坦擅长于城市生活的场景,描绘出了好似不停转动的万花筒一样不断发展的首都。在这里,我们能看到城市的繁忙景象:马路上到处拥挤着马车、狗和骑在马背上的士兵;一个拿着手杖想要过马路的男人;刚刚下过雨——马路上反射出了光线和树木——但现在雨停了,云层渐渐消失在左边的天空,太阳也出来了。这条路以其"极乐世界"——古典天堂——或巴黎人所称的"世界上最美丽的大道"而闻名。

自行车的艺术 51

速度与力量——翁贝托·博乔尼（Umberto Boccioni），《骑自行车人的动态美》，1913年。

　　但从我们的观点看来，是一位年轻的女性正敏捷地在泥泞的道路上骑着自行车。她骑行的方向似乎与路上行人的方向正好相反，旁边的马和马车正朝着她的方向驶来。一个骑马的士兵向她投来羡慕的目光，好像他骑的马实际上是她的自行车一样。但她似乎没有注意到，她正朝着远处凯旋门的方向前进。实际上，她代表的不是厚重的历史，而是一群新浪潮的法国人：骑自行车是多么时尚、自由，仿佛整个人都熠熠生辉。

　　发掘自行车之美最重要的艺术家之一就是后印象派画家亨利·德·图卢兹·劳特瑞克。童年时期的一次意外，使他的腿永远也长不长了，他不能骑马，但是他却成为了骑自行车的狂热爱好者，他与《速度自行车》杂志的编辑成为了好朋友，还经常参加当地的比赛。根据他的传记作者弗雷（Frey）的说法，他经常观看自行车比赛以及自行车周边表演等："他观看了一系列舞蹈演员的表演或马戏表演，被其动作之美所吸引，同时观众的呐喊、叫好声和兴奋的状态也吸引着他。"

对图卢兹·劳特瑞克兴趣最有力的证明是他为英国链条制造商辛普森设计的自行车海报。一位顶级自行车赛车手，康斯坦特·胡雷特在一辆带有"辛普森杆链"（旨在提高效率）的自行车上，正要超过一对在双人自行车上的骑手。辛普森链条似乎给了他很多的力量。图卢兹·劳特瑞克的描绘既准确又丰富——所有的海报都应该这样设计才对——也巧妙暗示了自行车带来的刺激感：骑手身上闪着蓝色的光，腿部肌肉绷紧着，人们紧张而又急切地看着。

自行车也在 20 世纪早期的未来主义运动中占有一席之地。1909 年，F.T. Marinetti 发表了《未来主义宣言》，宣称："时间和空间已在昨天死去"，及"我们断言，世界的宏伟辉煌被一种新形式的美所丰富：速度之美"。自行车，比其他任何发明都更能体现未来主义者梦想着人类与机械的有机融合，就像翁贝托．博乔尼（Umberto Boccioni）的《自行车运动》（1913 年）所展示的那样。这幅画中的赛车手好似与他的自行车融为一体。整幅画以圆锥形和曲线为中心诠释了"力量的线条"。红色和橙色的赛道转向左边，右边看起来像丘陵地带一样。但最吸人眼球的还是骑手，蓝色和棕色的搭配，将肌肉与机械融合在一起。在这幅画里，自行车不是一种交通工具，不是到达某个地方的交通方式，而是其本身的一种体验，是对现实生活的一种挑战，也是对未来派画家"速度之美"的一种赞颂。

其他著名艺术作品中的自行车

马塞尔·杜尚（Marcel Duchamp）
《自行车轮》（1913）——杜尚的"现成物品艺术"作品之——一辆自行车的车轮和前叉放在厨凳上。

琼·梅青格尔（Jean Metzinger's）
《在自行车赛场上》（1912），一位重要的立体派画家去比赛。

巴勃罗·毕加索（Pablo Picasso）
《牛头》（1942）——这应该是最简单但最有力量的自行车现代艺术品：一个自行车座和一个车把d构思成了一个牛头。

马里奥·西罗尼（Mario Sironi）
《骑自行车的人》（1916），另一位意大利未来派画家对力量与速度的歌颂。

公路车与越野车

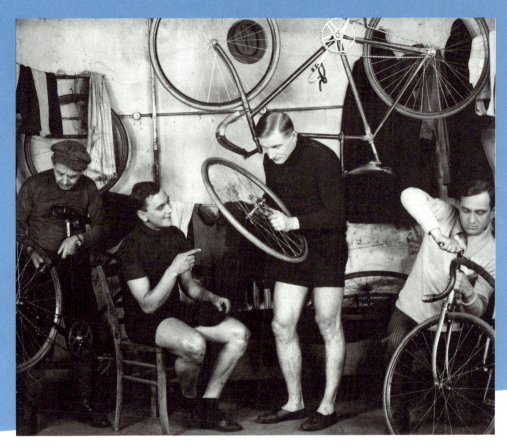

维护是一个持续的过程，可以穿着各式各样的工作服。

基础维护

好好对待你的自行车，自行车自然也会好好对待你。这听起来似乎有点老套，但是事实如此。最基本的东西其实更复杂，自行车虽然是一个非常简单的机器，但是如果你不好好照顾它，很快就会出毛病。有一句格言"少食多餐"用在这里非常贴切，因为在开始每段旅程之前，你都需要花一点点时间做下面的这些事儿。

设备

脚踏打气泵

这是最基本的维护工具啦,也是值得购入的一把好手。手动泵是也是现成自行车爆胎修补后打气的绝佳伴侣,但是你也需要一个脚踏打气泵来适当增压。

旧牙刷

每3个月或4个月应该更换一次牙刷,这对于自行车维护保养来说可是一件不错的事儿。当给自行车清洁时,这是清扫那些犄角旮旯最好的清洁工具。

艾伦内六角扳手

一套好的艾伦六角扳手是非常重要的,它可不是只能修你家里的家具,大多数自行车上的螺母和螺栓都需要威廉·艾伦的发明(最初叫六角扳手)。

维修架

买一个维修架吧。和那些得把车子放倒、斜靠在墙上清洁自行车的日子彻底说再见!

清洁剂

市场里有各种不同类型的清洁剂,可以货比三家再买。有一个很大的市场在不同类型的清洁剂货比三家。消费者对环保的需求说明这个市场有很大的消费群体。

链条清洁装备

它既有效又省时。你不用把链条从自行车上拆下来就可以清洗。

每次出发前要做的事

轮胎

捏一捏车胎,你就知道是不是该给它打气了,但通常,每隔几天就应该给车胎打打气。这不仅能让骑车人感到更加轻便与舒适,还能防止爆胎。胎压正常能够有效减少撞击或者异物刺入车胎。经常检查一下车胎表面,看看是否有可能刺穿车胎的东西。

车灯

出门之前检查好车灯,看看它们亮不亮,或者赶在天黑前回家。

每周都要做的事

刹车

试试刹车好使与否,确保它们与车圈相连而且刹车垫没有磨坏。

链条

快速检查一下是否润滑。

车轮

转一圈看看车轮是否正常。有时轻微晃动都可能导致很严重的问题。

基础维护 57

每个月要做的事

所有零部件都要定期用刷子和布清洁。并在需要润滑的部位进行润滑。链条和齿轮的清洁是很重要的,一旦有沙砾附着,时间长了就会磨损其接触的地方。

拧紧螺栓和螺丝。因为时间长了,它们会越来越松,当你发现的时候,可能已经掉了。

检查刹车和变速线,确保其没有生锈或者磨坏。

拧紧松了的辐条,把变弯的换掉。

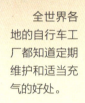

全世界各地的自行车工厂都知道定期维护和适当充气的好处。

每6个月应该做的事

进行一次彻底的清扫。把这些都做完其实也没有那么艰难,可以找专门清洗车的地方清洗,包括车架、钢圈、挡泥板。想象一下明天你要参加一个"最美自行车"比赛,这样你就不心疼了。

同时,也是一次检查补胎工具包的好机会,确保所有工具都齐全。每年一次你可能想取代磁带在你的车把。你会惊讶地发现有脏。

一年更换一次车把上的胶带。你会发现它已经变得很脏了。

基础维护

越野自行车党

BMX，全称越野自行车（Bicycle Motocross），就像是传统自行车比赛顽皮的小表弟，出乎许多人意料的是2008年北京奥运会上，它成为了正式的比赛项目。在短短40年里，它从南加州的泥泞小路走到了世界体育运动的顶级赛场上，但是就像越野自行车赛道一样，成长的道路上怎能没有颠簸、没有摔倒呢？

大多数人都认为这项运动起源于加利福尼亚，但是有资料表明该运动的第一次比赛是在荷兰的平地上进行的。1965年，荷兰杂志《Ach Lieve Tijd》的封面上有两个小男孩，骑着被改造过的短车架自行车在土路上比赛。这条讯息的发现改写了越野自行车历史的时间轴，由于当时这项运动没有兴起，也没有成立官方的组织，所以被当作异类所掩盖。

回顾历史，起到关键作用的就是1963年引进施文"黄貂鱼"自行车。当时施文的广告声称其是"能改变骑自行车的自行车"。其车轮大小的设计是基于在南加州的孩子改装的自行车，用那些模仿逍遥骑士摩托车的风格替换工厂供应的车座和车

把。阿尔弗里茨的设计采用了颀长而又低悬挂的车座，高车把及 20 英寸车轮，该设计令"黄貂鱼"成为了市场的领军者，尽管最初的时候，施文的管理层都对其持怀疑态度。它的设计充满了想象力和 20 世纪 60 年代时期的超前思维，在最初上市的几个月里卖出了 45 000 多辆。

如果说在起步阶段，孩子们的热情和富有想象力的使用自行车的方式滋养了"黄貂鱼"撒下的种子，那么在《On Any Sunday》(《摩托车冒险之旅》) 这部电影的片头里有一个小片段，将 BMX 带到了更为宽广的舞台。在开场的骑摩托车成人画面之后，出现了一系列大约 10～11 岁的孩子们在泥泞坑洼的赛道上比赛的画面。他们起跳、做一些花式动作，看得好像我们也变成了他们中的一员，准备要来一个转轮表演。

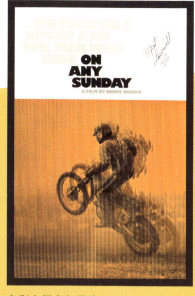

奥斯卡提名纪录片《*On Any Sunday*》(《摩托车冒险之旅》) 就是一部讲述摩托车竞速赛的纪录片，这部影片就是为了鼓励这一运动而拍摄的。

该图来自施文牌（Schwinn）自行车的小册子，约在 1972 年，孩子们正在洛杉矶的格里菲斯公园骑着他们的"黄貂鱼"自行车。

作为人们的业余爱好，虽然 BMX 已经在南加州占有一席之地，但是这 90 秒的画面让其赢得了国家声誉。三年内，乔治·E·艾瑟（George E. Esser）已经建立了国家自行车联盟（National Bicycle League，简称 NBL）。他的两个儿子都曾参加过摩托车比赛，而且也开始参加 BMX，但是他们发现，当时并没有官方组织来安排相关的比赛。于是，他们的爸爸开始行动。国家自行车联盟就这样应运而生，但在某些方面被 1977 年成立的美国自行车协会所取代（American Bicycle Association，简称为 ABA）。

ABA 迅速成为了 BMX 比赛的官方组织，并在全国组织开展各类赛事。目前，其每年批准超过 10 000 场比赛并管理运行近 40 条赛道。在其他运动项目上，比如拳击，有许多为了争权夺位，通过一些已成立的组织作为主办单位。这些就包括国家自行车联盟、国家自行车协会、国家踏板运动协会和美国自行车选手协会，但是 ABA 却比他们存活得更长久。

这项运动在全球的受欢迎程度持续增长，1981年，国际小轮越野车联合会（International BMX Federation，简称为IBF）成立了。三年后，举行了第一次非官方世锦赛。该组织是由发起人和好莱坞演员雷尼·罗克（Renny Roker）和他的JAG BMX组织共同组织成立的。在IBF接管之前，前五次世界锦标赛都是由JAG BMX组织的，第一个JAG BMX世界冠军是斯图·汤姆森（Stu Thomsen）。

随着比赛组织的数量不断增长和提升，全球范围内的参赛者也大幅度增加，小轮车运动的管理组织——国际自行车联盟（Union Cycliste International，简称UCI，成立于1993年）开始赞助世界小轮车锦标赛。这意味着BMX的最后一关就是一步跨上世界体育的舞台，终于，在2008年，它做到了，成为了2008年北京奥运会的正式比赛项目之一。

这就是这项体育运动发展的过程，但是运动本身又是什么呢？那些早期的参加比赛的先驱者们在简易的自制跑道上行驶，做着诸如转轮、跳跃等动作，只是为了追求单纯的快乐，但是它是如何变成一项竞技体育项目的呢？小轮车比赛分为两类，一种是竞速赛，另一种以技巧为主，我们称之为越野赛（BMX Supercross）和自由式（BMX Freestyle）。前者为奥运会比赛项目。

越野赛是一项需要全力以赴冲向终点线的比赛，但是比赛跑道却都是弯。那么多参赛选手挤在一个仅有350米长的赛道里。有的人倾斜180度旋转、跳跃，甚至在有8个参赛者在只有10米宽的赛道上水平滑行。所有比赛场地的基本要素都是相同的，有三个拐角和四条直道。

精英级的比赛在一个高8米的斜坡顶端开始，这样的话比赛选手可以很快加速。而跳跃的这一部分，才是真正让这项运动令人如此兴奋的地方，尤其是跳跃的动作类型还不止一种，所以也是对参赛者能力和勇气的极限测试。关于跳跃，一共有六个主要类型：

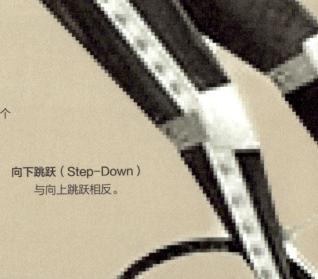

双连跳（DOUBLE）
接连两次跳跃，以最快地方式穿过两跳之间的距离。

向上跳跃（Step-Up）
在一个小坡，紧连着一个更大的斜坡上进行比赛。

向下跳跃（Step-Down）
与向上跳跃相反。

飞行的动作看起来好像很厉害，但是，如果你飞起的时间不对，就会浪费时间，因此，骑手必须根据所在地形和其他参赛选手的情况，快速做出选择和判断。这是一个好像坐过山车一样的比赛，观众们都跟着所有骑手捏着一把汗，看得心跳加速。比赛场地的多样性正是这项运动的美妙之处，它可以在一个很小的地方进行，却很容易就让一大群人喜欢这项运动（赛道长度在 300 米到 400 米之间，但奥运会赛道长度为 350 米）。

自由式，顾名思义，就是更自由，不是竞速但是更具艺术创意。没有固定规则，因此，全凭自由发挥。打分标准是基于跳跃或花样动作的难度，动作的创意和风格，以及表演力。自由式比赛主要分为五类：

公园（Park）
在滑板公园或类似场地进行比赛。

垂直（Vert）
U 形斜坡的两侧是垂直的，最高处离地面有 4 米高。

平地花式（Flat）
顾名思义，在指定的平地里进行比赛。

街道（Street）
利用模仿街道障碍的道具场地进行比赛。

泥地（Dirt）
回到这个运动的根源，利用泥土做成的坡进行比赛。

BMX 的神奇之处在于，尽管它从南加州的泥路变成了一项全球性的运动，但它并没有丧失早期的那种精神。它仍然激情洋溢、火光四射，而没有那些与其他职业运动相关的冷嘲热讽。

滚跳（Roller）
在一个单独的小山坡，或与其他相结合。

跳水平台（Table Top）
跳跃时尽量与地面平行。

节奏片段（Rhythm Section）
在一组连续的陡坡，骑手必须自行决定是飞起到空中还是留在赛道上，然后以最快的速度通过。

这只是一次训练！全世界的顶尖高手正在比利时佐德尔备战2015年 UCI BMX 世锦赛。

首届奥运金牌榜

男子
Ma-ris S'trombergs，
来自拉脱维亚。

女子
Anne-Caroline Chausson，来自法国。

电影中的自行车

实际上,自行车和电影院是一同成长的。第一个安全自行车发明于 1885 年,它的特点是钻石车架和链条传动装置。第一部电影——《工厂大门》(Sortie de l'usine Lumière de Lyon)是卢米埃尔兄弟(Lumière)在 1894 年之后拍摄的。它记录了工人们下班后离开卢米埃摄影工厂,旁边还出现了狗、马和马车,还有不少于三辆自行车:一辆由一名男子推着,另两辆则从人群中骑过来——毫无疑问,这是经过一天辛苦工作后第一个冲回家的人。

电影是关于运动的,自行车也是关于运动的。因此,毫不奇怪,电影行业对自行车有着终生的爱。从卢米埃兄弟到蒂姆·伯顿(Tim Burton),自行车一直象征着 20 世纪生活的希望、梦想和醒悟。

最著名的自行车电影是维托里奥·德西卡(Vittorio de Sica)《自行车盗贼(Bicycle Thieves)》(1948)。它讲述了一个可怜的贴广告的人,安东尼奥·里奇(Antonio Ricci),他搜遍整个罗马寻找他的自行车,因为他在粘贴美国电影明星丽塔·海沃斯(Rita Hayworth)的海报时,自行车被偷了。电影将意大利战后世界的梦想和生活的贫穷放在一起对比。值得注意的是,被偷的自行车牌子是"Fides",意思是"信仰"。德西卡选用了非职业演员在剧中扮演了主要角色,起初,因为对意大利生活的负面描写而遭受反对。但是由于它对现实主义和人性的描述,现在被认为是有史以来最伟大的电影之一。

自行车和工作之间的联系也是雅克·塔蒂(Jacques Tati)的《大日子(Jour de Fête,"The Big Day")》(1949)的一个组成部分。

然而，尽管德西卡的这部电影是讲述关于失去的内容，而塔蒂的喜剧，以弗朗索瓦的形象为主角，一个极度活跃的邮差，抓住了自行车的活力和乐趣。弗朗索瓦在村里的宴会上喝了太多酒，他偶然看到了一部关于美国邮政如何进行业务高效训练的影片后，他决定效仿。接下来是一段电影艺术和特技表演的杰作，出现了汽车、动物、水枪，最后——在这个讽刺科技创新的作品中——他的自行车失控了。

法国电影和法国自行车在情感上的亲密感也在电影中得以体现，由西尔万·乔梅特（Sylvain Chomet）执导，并获得两项奥斯卡提名的影片《疯狂约会美丽都（Les Triplettes de Belleville）》（2003）。它讲述了一个老妇人，苏莎夫人（Souza）和她的孙子，尚皮翁（Champion）的故事。在这部奇怪而又有趣的电影中，台词很少，它通过图像、哑剧和歌曲讲述故事。在尚皮翁的父母去世后，祖母苏莎对尚皮翁的担忧与日俱增，他似乎变得越来越忧郁。她给他上钢琴课。她给他买了一只小狗。但最后，通过他的剪贴簿，她发现了他对自行车的热爱，他的父母都是热爱骑自行车的人，并鼓励他赢得环法自行车赛。

祖母的训练强度很大，她用吸尘器按摩他疼痛的小腿。然而，尚皮翁外出比赛的时候，被黑手党绑架了。在奶奶苏莎、小狗布鲁诺和一个叫贝尔维尔的歌舞三姐妹组合的共同努力下，他被成功营救了。这部美妙的艺术品是对法国人向雅克·塔蒂以及爵士吉他手迪亚哥·莱因哈特（Django Reinhardt）的一种致敬，但它也捕捉到了法国人对自行车的热爱。随着电影剧情的发展，苏莎夫人的房子里堆满了自行车的用具：一些奖杯，旧自行车的碎片和衣服，一个坏了的变速器。

左图：1949年，一部经典的法国喜剧，讲述了一个极度活跃的邮差的故事。

上图：另一部法国电影，《疯狂约会美丽都（Les Triplettes de Belleville）》（2003），主要讲述了骑行的故事。

电影中的自行车　　67

因此关于自行车的电影有很多。当然,还有很多其他的电影里面出现过自行车。其中,最早远也是最著名的包含自行车的场景之一是《绿野仙踪(The Wizard of Oz)》(1939)。古奇小姐是多萝西[朱迪·加兰(Judy Garland)饰]一个令人讨厌的骑自行车的邻居,并威胁要把她的狗托托杀掉。

在一场风暴中,多萝西被一个窗框击中头部,并看到了古奇小姐变成了女巫,她的自行车在空中盘旋,然后变成了一把长柄扫帚。在其他电影中,自行车成为了英雄。在斯蒂芬·斯皮尔伯格(Steven Spielberg)执导的《外星人(E.T.)》(1982)中,骑越野自行车的孩子们聚集在一起,帮助埃利奥特将 E.T. 偷运出小镇。接下来是一段惊心动魄的追逐,孩子们用他们的自行车越野技术摆脱了那些成年人的追赶。但是当他们靠近警车最后的警戒线时,艾略特闭上了眼睛,男孩们和他们的自行车飞向了天空。

其他著名的骑自行车场景则更为浪漫。在《虎豹小霸王(Butch Cassidy and the Sundance Kid)》(1969)中,这辆自行车成为了嬉戏的一种形式,一位女教师 Etta(凯瑟琳·罗斯饰)优雅地坐在保罗·纽曼(Paul Newman)的车把上,他们二人一同在夏日的某天骑行。纽曼向她展示了骑自行车的特技:单脚站在车座上骑、向后骑,直到最后他撞向篱笆,一只长角的公牛同情地看着他。这场车祸,就像自行车一样,象征着现代社会美国人的天真和狂野。纽曼一边跑一边把自行车扔到一边,说:"未来属于你,你这辆破自行车。"

但也许最能体现童年时期对自行车的爱的电影是《荒唐小混蛋奇遇记(Pee-

最佳自行车电影

《男孩和自行车的故事》
(Boy and Bicycle)
(1965)
一个男孩逃学的故事……

《地狱星期天》
(A Sunday in Hell)
(1976)
1976年巴黎–鲁拜克斯比赛后的纪录片。

《告别昨日》
(Breaking Away)
(1979)
在美国成长……

左图：1969 年，在经典电影《虎豹小霸王（Butch Cassidy and the Sundance Kid）》中，保罗·纽曼（Paul Newman）追求埃塔（Etta）用他的小技巧在卡西迪和圣丹斯的孩子身上骑自行车。

下图：1949 年《大日子（Jour de Fete）》的一幅剧照。

wee's Big Adventure）》（1985），由保罗.鲁宾（Paul Reubens）主演，由蒂姆.伯顿（Tim Burton）导演。它讲述了一个关于自行车小偷的荒诞故事，这个故事告诉我们，在商场里，皮威的改装施文自行车被偷了。他悬赏 1 万美元的奖金，随后奔走追赶，和一帮地狱天使在一起，在路上搭上了一个叫"大马吉（Large Marge）"的幽灵似的卡车司机。在最终后现代形式的转折中，皮威发现他的自行车已经成为电影中的道具，并且他自己也误打误撞成为了大明星。虽然剧情略显低智，但却充满了乐趣。故事的开场片段里，皮威毫不费力地超过了一群专业的赛车手（这都是一场梦）。然而，事实上更奇怪的是——或者是因为越来越多的人痴迷于自行车——2015 年，该电影中的施文自行车在易趣上以 3.6 万美元的价格售出。

《小子万岁》（BMX Bandits）
（1983）
变身自行车侦探的孩子们。

《疾速苏格兰》
（The Flying Scotsman）
（2006）
改编自苏格兰籍单车冠军格拉尔米·欧伯利（Graeme Obree）的真实事迹。

《疯狂约会美丽都》
（Belleville Rendez-vous）
（2003）
讲述了关于一个男孩和他祖母的迷人动画故事。

山地自行车的诞生

称这类自行车为山地自行车,有点用词不当,因为它们并没有在珠穆朗玛峰那样的山峰上被骑上骑下。准确地说,应该称其为"越野车",因为这是它们通常被使用的方式,以及为什么它们最初是在 19 世纪末期被创造出来的原因。

1896 年 5 月，第二中尉詹姆斯·A·莫斯（James A. Moss）获准组建第 25 步兵团。作为一名自行车爱好者，莫斯与 A.G. Spalding 公司共同设计了这些耐寒自行车。第一批越野车有着钢制的轮辋、串列辐条和超重的边叉。肉眼看，他们和标准的公路自行车并没有太大的差别，但是他们重达 32 磅，当满载时，可达到 59 磅。

莫斯毕业于西点军校，来自路易斯安那州，他一拿到自行车，就开始让他的部队进行步伐和踏板的训练！这些训练是专门为他的部队准备的，一支由 8 名士兵组成的队伍，从蒙大拿州的密苏拉堡到怀俄明州的黄石公园进行 800 英里的探险，然后再回来。在 8 月 15 日离开营地后，该部队花了 10 天时间完成了一半行程，并于 1896 年 8 月 24 日到达。至此，成功完成了大部队冒险和长时间艰苦旅行的测试。

第二次大规模的军事自行车探险是带领 20 名男子前往密苏里州的圣路易斯，进行 1900 英里的旅程。这在当时很轰动，是一个大新闻，一位名为爱德华·布斯（Edward Boos）的记者，每天都要向镇上的报纸发送报道。在这条路线沿线每隔 100 英里，会运送两天的补给物资。这次长途旅行确实让自行车和骑手们经历了所有可能发生的考验。莫斯记录到，在 34 天的旅行中，有 13 个小时在修理自行车，4 个小时以上的时间在补胎，午餐用时 117 个小时，71 个小时的时间来处理其他原因导致的问题。我们只能猜想一下其他原因是什么，但是最有可能的有可能是车座带来的疼痛感。

这段旅程耗时 34 天，平均速度约为每小时 6.3 英里，平均每天骑行将近 56 英里。这意味着每天要花将近 9 个小时的时间坐在车座上（有报道称，有些地形非常糟糕，必须下车推着前进）。也许这就是"推自行车"一词的由来。

1896 年，第 25 步兵团在黄石国家公园的密涅瓦梯田与他们的自行车合影。

山地自行车的诞生　　71

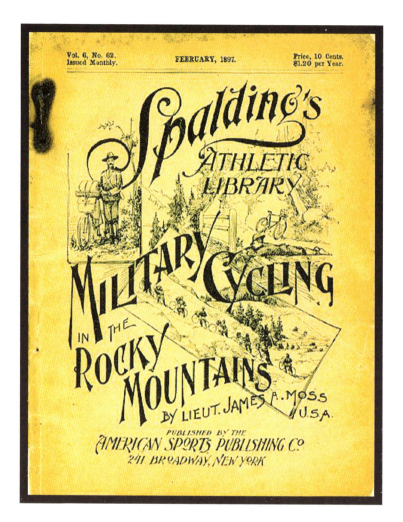

1897年2月出版的《斯伯丁的运动图书馆》。

然而，通过名字，我们就知道这些早期的山地自行车还有很长的路要走，千里之行始于足下，所以，每一个曾向山坡下骑去的人，在摘下头盔的那一刻，都应该感谢莫斯中尉。

从他的第一次尝试开始，莫斯中尉感到很惊喜、很开心，因为山地自行车和它所使用机器的方式是一样的。对他们来说，这些自行车是他们完成工作的实际需要，但现在，它们已经成为了休闲或运动的器材。

作为一项运动，越野自行车的早期发展，无论是山地自行车还是它的近亲公路越野车，都可以追溯到将其作为一种训练方式来进行公路比赛的骑自行车的人。远离柏油马路的骑行，使参赛者们的应对能力、健康水平都得到了提升，并避免了在柏油马路上发生撞击的危险。直到20世纪60年代，真正的自

1896年，莫斯的自行车时速为6.3英里

行车才开始出现。

随着自行车运动的不断创新,新机器的驱动器始于那些对现成产品进行调整和改装的发烧友们。像施文的越野自行车就是其中第一批被改装的自行车。其重型车架和巨大的轮胎,可以完美应对凹凸不平和不可预知的地形条件。这些骑手被称为"klunkers",这是一个从拟声词得来的词,源于骑手们连续敲击的声音。

"山地车"这个名字可能有好几个出处,但大多数人都很乐意相信乔·布雷兹(Joe Breeze)。人们认为第一辆专门为山地骑行设计的自行车是由他设计的。1978年,他在越野比赛中使用了自己的第一辆"Breezer"自行车,这也是它第一次赢得了比赛,然后设置了比赛赛道,迄今为止,我们仍然可以在山地自行车上看到他的设计。

2015年,埃里克·巴伦(ERIC BARONE)的自行车时速为138.75英里。

山地自行车的诞生　　73

下坡车就此开始

　　20世纪70年代初，一群嬉皮士在北加州松树山的南侧发现了一条防火山道。它其实是远足者和渔民的避难所——能看到海湾所有的风景，以及捕到该地区最好的鳟鱼。然而，在美国西海岸反主流文化的推动下，这支现代探索者的队伍决定做些与众不同的事情：那就是骑着自行车下山。但是，他们并没有使用传统的公路自行车，而是用窄小的轮胎和车把代替，他们使用20世纪40年代的施文低压轮胎自行车，这是一种传统的、悠闲的美国报童车，它的宽车把可以让骑它的人在栅栏上扔报纸，却不会因此失去控制。但是这里的宽车把却另有用途——它能让骑手不戴头盔并在崎岖不平的赛道上疾驰，在某种程度上，这种宽轮胎使骑行变得更加柔和。

左图：20世纪70年代，先驱的山地自行车手们准备在北加州的松山之路上骑行。

松山之路

在20世纪70年代早期的这个特殊时刻，发生了两件大事——"klunker"，即改良的施文自行车，它是山地车的第一个化身；而下坡竞速运动，近年来被认为会成为下一届冬季奥林匹克运动项目（从1996年开始，越野山地自行车已经出现在奥运会赛场上）。

随着松山小路越来越出名，越来越多的竞技骑手从当地的自行车俱乐部赶来，比如几英里外塔玛佩斯的维罗俱乐部。改造后的自行车：增加了变速器齿轮；加固了车架。"瀑布峡谷路（Cascade Canyon Road）"甚至获得了一个新的名字"瑞帕克路（Repack Road）"，这是由于旧的轮毂刹车过热，需要用润滑油来重新改装。

起跑线位于松山山顶的山脊上，1976年10月21日，举办了第一次计时比赛，鲍勃·伯罗斯（Bob Burrowes）赢得了第一名。而最短用时为加里·费舍尔（Gary Fisher），用时4小时22分钟，完成了2英里赛程（费舍尔后来成为了著名的山地自行车设计师）。骑手们以2分钟的时间间隔出发，速度快的骑手在速度慢的骑手后面出发，这也增加了比赛冲刺时带来的兴奋感和戏剧性。

很快，消息就传开了。1978年2月，《自由车新闻（VeloNews）》为"加州自行车赛"刊登出了一个大标题。当地的电视公司也来为他们的晚间新闻录制节目。很快，其他的制造商就掀起了越野赛的热潮。第一辆批量生产的自行车是1981年推出的Specialized Stumpjumper。其设计有一个钢框架、一个改造的BMX阀杆和摩托车风格的车把，当时售价为750美元。但是，作为一项运动，下坡山地自行车成功的关键是其减震装置——解决了公路自行车行驶的超重问题——而且如果要高速下坡骑行的话，这是尤为重要的。1989年，RockShox公司通过简单的摩托车改装技术，生产了RS-1的前悬架，并在1992年推出了第一辆全悬挂山地车，加里·费雪RS-1（Gary Fisher RS-1）。

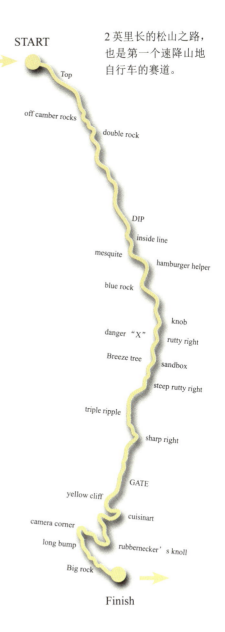

2英里长的松山之路，也是第一个速降山地自行车的赛道。

下坡车就此开始　75

上图：阿根廷的巴勃罗·择瓦尔德（Pablo Seawald）在 2012 年 Valparaí 决赛上骑着自行车飞起。

右图：1976 年，科比.乔丹（Coby Jordan）马上到达 Repack 的终点线。

快进40年，下坡山地自行车赛现已成为一项既定的运动。这些自行车不断发展与改进，以适应在距离更长和更为艰难的条件下速降。与加州的klunkers不同，他们的前后都是悬挂式的，旅行式的车通常轮胎为7～10英寸。车架比传统的越野山地自行车更加坚固，并且设计成一个倾斜的转向头来增加稳定性，比传统山地自行车的轴距更长。强大的盘式制动器既能降低自行车的速度，又能帮助消减摩擦产生的热量。

在技术方面，骑手需要利用重力的自然动力，并尽可能在最短的时间内从赛场的顶部抵达底部。从这个意义上说，肌肉耐力和勇气远比其他自行车运动所需要的运动能力更重要。骑手们需要戴一顶全面头盔，而不是简单的自行车头盔，护目镜不仅能防尘，还能防止树枝和其他大碎片带来的伤害，防护用具也是很有必要的，比如护肘和护膝，或者颈部支撑。与往常一样，在向山坡下骑行时需要一定程度的投资。在一连串的事故和碰撞之后，松山周围的小路已被限速每小时15英里。在山地车热潮的高峰期，警方开始使用雷达测速枪来发现超速驾驶者。

但最后讽刺的是，下坡山地自行车也已来到城市。其中最著名的赛道之一是瓦尔帕莱，这里也被称为"太平洋的宝石"，是世界遗产。在这里，疯狂的骑手们要花3分钟的时间骑完1.7公里的路程，穿过狭窄的街道、铺满鹅卵石的小巷和楼梯，还要尽量避开观众、停在路边的汽车和流浪狗。这可能是世界上最极端的下坡体验了。斯洛伐克的菲利普.波尔茨（Filip Polc）已连续四次赢得比赛，在2015年以3：03：367获胜。

下坡车就此开始

指标性自行车品牌

施文牌"Cruiser"自行车

1895 年,在全球自行车繁荣发展的高峰时期,阿诺德 & 施文公司(Arnold, Schwinn and Company)在芝加哥成立了。这是 1891 年移民美国的德国人伊格纳茨·施文(Ignaz Schwinn)的想法。到了 1916 年,该公司已经生产了 100 万辆自行车,通常是给其他零售商生产,如西尔斯(Sears),并以自己的名字命名。但是随着汽车和摩托车的到来,以及 20 世纪 30 年代的大萧条,自行车销售量开始下降。此外,施文股额和股价下跌,损失了一大笔钱,然后离开了公司。

他的儿子弗兰克·施文(Frank Schwinn)接管了公司,并使公司重新专注于自行车,并为一系列创新发明申请了专利,包括前叉和悬臂架。但他最重要的创新是引入了低压轮胎,很快,就在德国的鹅卵石道路上流行起来。1933 年,一辆最新设计的自行车,B10-E 投入市场,它看起来像一辆带有仿制油箱(一个工具盒)、后载货架、电喇叭、一个镀铬摩托车风格头灯的摩托车。许多自行车商店不以为然,但是大众们却对这个设计很感兴趣。在新设计推出的第一年,售出了 10 万辆自行车,三年后他们每年都能销售出 20 万辆。

施文成功的关键是比如保证终身使用的车架等东西。这种设计吸引了那些年龄较小、或者买不起摩托车的年轻人。1934 年,他们推出了施文"Aerocycle"系列,在"燃料箱"上安装了弹簧座椅和喷射机设计。那绝对是一个强大的冲击。接下来的几年里,施文在基本设计上进行了创新,给自行车命名为"幻影"、"大黄蜂"和"黑豹",设计有两个车头灯、一个字母组合车座和一个电动喇叭。

20 世纪 40 年代到 20 世纪 50 年代,施文成为美国的标志性形象之一,同时也是本世纪最畅销的自行车。凭借强大力量和稳步前进,他们变成了完美的报童自行车,施文甚至为其专门设计了一个"黄蜂",有更重的轮毂和双后篮。他们是美国梦的化身，充满魅力而又勤奋；奢华而又可靠；艰难但是充满乐趣。

"凤头"牌三段变速自行车

"凤头"三段变速自行车与约克郡的布丁、炸鱼和炸土豆条一样，都是英国人的最爱。其最初设计于 20 世纪 30 年代，在整个世纪的其余时间里，设计基本上都是一样的，提供了一种舒适、可靠、低调的英式风格。

"凤头"是由弗兰克·鲍登（Frank Bowden）爵士于 1890 年创立的，它的名字来自于诺丁汉的街道，工厂便坐落在那里，这条街的名字取自英格兰最伟大的英雄之一。在接下来的几年里，公司不断

发展壮大，并在 1893 年，陪伴着美国选手齐默尔曼（Zimmerman）赢得了第一届世界竞速和 10 公里锦标赛的冠军。

当时，Raleigh 自行车公司很像许多其他英国的安全自行车制造商一样生产了许多自行车，如赫拉克勒斯（Hercules）和 BSA。但是，在 1901 年，Raleigh 自行车公司的工程师亨利·斯特米（Henry Sturmey）和詹姆斯·阿彻（James Archer）因三速齿轮的后轮毂被授予专利。鲍登（Bowden）买下了这些设计，然后在阿切尔家安顿下来（尽管最初是由威廉·赖利设计的）。在 1903 年，齿轮轮毂在技术成熟之前经过了各种各样的设计，并且在 1936 年的 AW 三速中心终于完成了。一个好似"太阳"的齿轮被固定在轮轴上，而"行星"齿轮绕着它旋转，啮合在轮毂上一个由内而外的齿轮圈。AW 代表"all wide"，即较大的比率范围：中间齿轮是直接驱动的；一种低的第一齿轮，链轮齿每转 4 次，较低的第一个齿轮转动 3 次；链轮齿每转 3 次，较高的第三个齿轮转动 4 次。1936 年的一个广告说，"斯特米-阿切尔（Sturmey-Archer）三段变速"是"最整齐、最轻、最干净"的后轮毂齿轮。

20 世纪，它与 Raleigh 的"全钢"自行车组合在一起，成为了世界一流的组合。这些自行车有 28 英寸的车轮、不锈钢辐条、长踏板曲柄和长轴距、杆刹车和一个完全封闭的链条。配件包括方向盘锁和轮毂发电机。最后由一个黑色的皮革马鞍袋进行润色。它们已经被复制到世界各地，从印度的 Hero-Jet 自行车，到中国的飞鸽，制造了超过 5 亿辆自行车。座管上的"全钢"彰显了其英国血统。

指标性自行车品牌　　79

自行车与社会

南来北往——自行车横

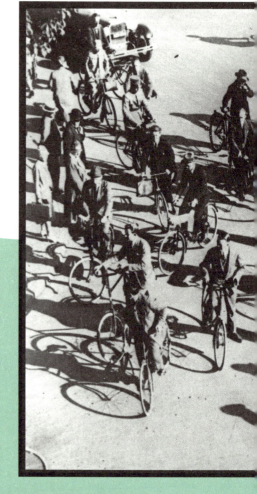

　　骑自行车之所以这么受欢迎是因为其常常与休闲和童年的纯真联系到一起。会骑自行车的感觉就好像是周末散步的一个轻微出汗的版本。但是骑自行车随处可见，比如在道路、公园和自行车道上。而我们对自行车过于浪漫化的看法让我们忽视了它在20世纪的发展过程中对社会产生的深远影响。在中国北京（Beijing），几乎一半的行程都是骑自行车出行。在意大利的费拉拉（Ferrara），骑车出行占全部出行方式的30%。在英国约克郡（York）和剑桥（Cambridge），自行车出行占到四分之一以上。在荷兰受人喜爱的"omafiets"或"祖母自行车"的家乡——格罗宁根（Groningen）和德尔夫特（Delft）这样的地方，有超过一半的行程都是在车座上完成的。

　　但是，虽然自行车在全球范围内具有一定的影响力，但它也被看作是国民性的一种反映。荷兰的祖母自行车就是一个很好的例子。事实上，它根本不是荷兰人的，而是19世纪90年代，荷兰人采纳使用的一辆Dunlop安全自行车的女性版。笔直

跨全球

左图：1973 年，荷兰活动家们支持骑自行车的人，抗议因交通事故死亡人数的数量而导致道路布局变化。

的骑马姿势很适合荷兰的地形。在荷兰，自行车运动拥有着一定的地位，但是在其他地方，自行车也慢慢被汽车所取代。社会历史学家安妮·艾伯特（Anne Ebert）说：自行车在荷兰的巨大成功，至少一定程度上可以解释为自行车是以荷兰国家民族特性的推广者身份出现的。这一观点在第二次世界大战之前一直被世人所认同，而且，至今仍是如此。

南来北往——自行车横跨全球

其他语言的自行车

- 丹麦语 赛克尔
- 德语 费拉得
- 威尔什河 贝伊克
- 荷兰语 菲亚特
- 意大利语 二棱齿兽科
- 土耳其语 比西克莱
- 约鲁巴 克克克语

荷兰仍然是且将会继续是一个公民社会，荷兰人的社会角色和社会生活感很强。可以说，荷兰人的个人主义程度远不如美国人。因此，荷兰自行车保留了这种社会可见度，而不是像赛车那样低头自省似的，直立的姿势让人在骑自行车的时候可以很容易地点头或摘下帽子。

因此，荷兰自行车的有趣之处就在于它在过去的几十年里一直没有什么变化。荷兰人对创新这件事情并不是特别感兴趣。因此，荷兰的自行车代表了一种平等的愿景。这种与国民性的联系充分体现在自行车的普及程度上：在荷兰，自行车比人多，单是在阿姆斯特丹，就有55万辆自行车和21.5万辆汽车。如果在荷兰，你扔掉一辆自行车，尤其是你祖母或祖父的自行车，就等同于停止使用荷兰语一样。

左图：1973年，荷兰活动家们支持骑自行车的人，抗议因交通事故死亡人数的数量而导致道路布局变化。

俄罗斯人
丝状毛鳞菊
(велосиед)

日语
Jitensha
(自転車)

中国
zi xing che
(自行车)

印度尼西亚语
塞佩达

南来北往——自行车横跨全球

中国也常被称为"自行车王国"。但是自行车一般都需要一段时间才能流行起来。19世纪后期的评论家们惊讶地发现,任何一个有自尊的人都想要不断发展和提升自己:为什么不坐轿子或人力车呢?因此,自行车只在社会的某些阶层中开始流行,比如"唱歌"的女孩或用来拜访客户的人们。

但自行车很快就拥有了大批的粉丝,中国的自行车制造业在20世纪40年代开始腾飞,当时推出了价格低廉的自行车。到1958年,中国每年生产超过一百万辆自行车。很快,自行车就成了当时财富和地位的象征。据说当时,每一对新婚夫妇都需要"三转一响":手表、自行车、缝纫机和收音机。在后来的几十年里,邓小平同志承诺要让每一个家庭都拥有一辆飞鸽牌自行车。时至今日,中国400家工厂每年生产4100万辆自行车,在一个拥有13亿人口的国家里,约有3.7亿辆自行车在被使用。

但是现在或许人们对自行车的热衷程度没有那么高了。飞鸽曾经是地球上数量最多的自行车,现在只生产了它从前数量的四分之一。从1995年到2005年,中国自行车的持有量下降了35%,而汽车持有量却翻了一番。虽然自行车在中国各个城市的街道上仍然随处可见,但它们同欧洲的部分地区一样,还没有成为自行车复兴的焦点。飞鸽每天都面临着一场与汽车的殊死较量。

但在发展中国家的部分地区,情况却大不相同。在非洲,自行车仍然能够为人们的日常生活带来颠覆性的变化。如果你有一辆自行车,就可以到更远的地方获取水资源和医疗用品,去工作或上学。但是很快,由于环境的恶劣和缺乏妥善的维修保养,许多进口自行车逐渐坏掉了。因此,世界自行车慈善组织(World Bicycle Relief)一直在提供国产自行车,以解决进口自行车的问题。他们称之为"野牛(Buffalo)"——象征着强壮与力量。它能够承载100公斤的重量,还配有一个工具箱,就像几百英里之外的自行车商店一样。尽管世界上的其他地方都快把自行车遗忘了,但对许多非洲人来说,自行车仍然代表着自由和力量。

骑自行车上班:在北京拥挤的街道上骑行,只有几个人戴着帽子,而不是头盔。

禅与补胎的艺术

在我们的生活里，有这样一个众所周知的事实，当你不小心把一块抹着黄油的面包掉在地上，永远是有黄油的一面落地；当你有一天不幸的爆胎了，一定是在离家很远或者距离目的地很远的地方。这样的事情，我们称之为墨菲定律，事情如果有变坏的可能，不管可能性有多小，一定会发生。而能影响你的是你如何应对它，这就是禅宗。

禅宗的核心是练习冥想，记住这一点，当车胎的气太足的时候，车胎上的刺孔会帮你解决，更重要的是能把它修得更好。当你发现轮胎瘪了的时候，先深吸一口气，缓慢呼吸几次，再开始修理。呼吸能降低心率，并且补充血液中的氧气，让你的大脑平静下来。现在你会觉得轻松多了，然后再开始修理轮胎。

首先把车轮从自行车上拿下来。也许你会认为这没什么必要，但它将使整个修补过程变得容易很多。如果拆的是后轮，那么尽量把链条调到最小的塔轮上，这将使拆卸和安装更简单。

补胎工具箱

轮胎撬杠
补胎片
砂纸
胶 – 如果补胎片上不带粘胶剂的话
粉笔 – 用于标记破洞位置

在拆掉轮胎之前，看看能否找到是何物导致的爆胎。如果是有什么东西卡住了，小心地拿下来即可。破洞的地方要尤为注意，因为在那个位置可以很容易找到内胎上的破洞。

现在是时候打开你的补胎工具箱，拿出一个轮胎撬杠。检查一下没有气的车胎是否真的是被扎破了，拔下气门芯，把车胎内的空气放出去，将内胎从外胎中剥离出来。

在理想情况下，你会准备一个备用内胎，但事实往往并非如此，所以你不得不修补轮胎。

你应该已经知道如何找到漏气的地方，但是如果你不知道，可以往里充气，这样会更容易发现破洞的地方。如果破洞的地方太小不容易找，可以将其浸入水中，有冒泡泡的位置就是漏气的地方。

找到漏气的地方后，用砂纸将漏气部位周围锉出毛刺。所有好的修理工具箱都应该有砂纸，所以在购买前要看看有没有。

涂抹胶的面积应大于补胎片的面积，并让其干透，否则补胎的位置会不牢固。干了之后，擦掉多余的胶。你一定不希望内胎粘在轮胎上的，对吧？

在安装回去之前，检查一下轮胎内是否有尖锐的东西。用手指沿着轮胎内侧摸一圈，要小心，因为有玻璃之类的尖锐物会划伤你的手指。如果什么都没有的话，你就可以把它装回去啦。

安装轮胎的时候不要用力捏，你肯定不想再弄出一个破洞，然后再补一遍吧？接着开始给轮胎充气，但是要检查一下轮胎是否已安好，检查无误后，再把车轮装回自行车，就可以充气啦。

记得把所有的工具设备装好放回原位。人们总是很容易忘记这一点，然后就可以开开心心骑回家了。

禅与补胎的艺术　　89

自行车准备作战

尽管自行车常与宁静的乡村生活和郊游联系在一起，但在整个 20 世纪的战争中，自行车也发挥了重要作用。1899～1902 年，在英国与南非共和国与奥兰治自由邦的联合部队之间的布尔战争（Boer War）中，首次出现了自行车。一位名叫诺克斯（Knox）的英国将军把自行车作为在奥尔德肖特（Aldershot）基本训练的一部分，当战争爆发时，一些自行车队已经蓄势待发。

左图：工具袋和补胎工具包：1918 年在法国的英国军队自行车手。

右下图：1897 年，法国军队的自行车队形成防守方阵。

然而，与骑兵不同的是，有些事情是不能在自行车上完成的。骑在马背上的士兵可以射击和挥剑，马能承受步枪的反冲。但是，一个骑自行车的士兵却没有在战斗中找准自己的位置。相反，骑自行车的士兵被安排了许多其他任务。

他们能发现适合运输枪支和设备的道路，还可以被改造成担架员。有时他们还会被委以特殊任务。在这场战争中，一名骑自行车的送信员在詹姆逊突袭事件（Jameson Raid）中，通过巧妙隐藏座位上的文件而躲过了侦查。15 年后，在第一次世界大战拉开序幕前，军队会积极招募会骑自行车的人。一个征兵海报这样写道：你喜欢骑自行车吗？如果是这样，为什么不为国王效力呢？加入南米德兰地区自行车公司吧（须满 19 岁，且接受在国外服役）。提供自行车、军装和衣服。请申请者本人或者写信至：格洛斯特军营的豁牙子酒吧，骑行者（收）。

大概是因为许多骑自行车的人，特别是那些骑大小轮自行车的人在追求自己的爱好的过程中也失去了一些牙齿吧。

其他欧洲国家也纷纷效仿。在法国，许多军事论文讨论了自行车的战术用途。自行车广告也开始向自行车士兵们展示军事演习。而德国对此却回应说将训练军犬来攻击骑自行车的人。（狗狗难道需要训练才能做到这一点吗？）

自行车准备作战　91

在英国，第一次世界大战期间，总共有 9 个营的骑手服役，战争开始时大约有 1 万 4 千人，到 1919 年已超过 10 万人。在战争中，自行车发挥了巨大的作用。许多骑自行车的士兵被用作侦察兵：因为骑行比步兵快，但却比马要安静许多。与马不同的是，把自行车放在地上几乎不会被发现。在战斗中，骑兵团采用了一种游击战，突然而又隐蔽地进攻和撤退，成功地骚扰和打败了敌人。

对服务士兵来说最重要的就是自行车本身。如何才能更好地为军队服务？在最开始地几年里，使用的是公路自行车，在车架里配备了一个存储箱和恩菲尔德手动栓式步枪。但在第二次世界大战中，英国军队开发出一种新武器——BSA 伞兵折叠机载自行车。降落伞战争的问题之一是下降，一个是因为风的条件，另一个是为了降低被发现的风险，所以士兵们可能要落到一个更宽广地区域内。而该自行车可以无声无息且快速进行组装。通过顶部和底部的两个折叠铰链，该自行车的设计要轻于典型的公路自行车。车把可以折叠，踏板是简单的主轴，可以很容易打开。自行车重达 10 公斤。伞兵跳的时候需要把他们绑在胸前，因为把他们装在后背可能会损坏降落伞。这些自行车都是一次性的，当伞兵接近目标时就可以把其藏起来。当时，总共生产了 60 000 个折叠自行车。

左图：一个英国伞兵与一辆 BSA 折叠自行车。

左下图：1939 年 4 月 20 日，为庆祝希特勒的 50 岁生日，带着钢制头盔的德国自行车部队正在骑行。

战后，折叠机载自行车以各种各样的形式存在着。BSA 推出了一款儿童版，配有 20 英寸的车轮，不可折叠，但配有挡泥板和搁物架。在把多余的折叠车卖给丹麦之后，丹麦人复制出了一款简单而有效的设计，在冷战期间制造了一辆适合于民防的自行车，其安装了一个鼓式制动器，使得这种简单、有效的自行车具有更加流畅的线条。

对于那些想要在战争中关于自行车的纪念品的人来说，他们会出现在拍卖会上，在拍卖会上，这些东西都价值数百英镑。另外，你也可以买一件由 Pashley 制作的现代复制品，配有非军用的 21 变速齿轮、挡泥板、反射器和铃。

自行车准备作战

《通缉机灵精》——送货男孩、警察、邮差

在过去，当地的屠夫们会时不时在橱窗里放上一张卡片，上面写着"聪明的人都想要送货上门"。除了在休闲史上扮演重要角色外，自行车在20世纪的商业活动中也发挥了重要作用，并使资本主义的发展不断前行。因此，在20世纪早期，经常能看到送货的男孩，拿着一篮子农产品——土豆、胡萝卜和西红柿，或是报纸、香肠和羊排挨家挨户的送货。

1911年，英国小说家阿诺德·贝内特（Arnold Bennett）的小说《纸牌（The Card）》讲述了一家报纸被贪婪的竞争对手收购的故事。为了使报纸取得成功，将竞争对手的送货男孩关进监狱，从而显示出他们在新闻传播中发挥的重要作用。在美国，这个标志性的送货男孩，把手伸进他的背包，将《芝加哥论坛报（Chicago Tribune）》或《丹佛邮报（Denver Post）》放到门垫上，这是一个像苹果派一样的美国形象。虽然以前的报纸只在报摊上出售，但随着郊区的发展，骑自行车的送报员成为了美国生活的重要组成部分——它将这个幅员广阔的国家与它联系起来。但是，美国的送报员同时也是美国人天真、独立和勤奋努力的重要形象：美国总统哈里·S·杜鲁门（Harry S. Truman）、演员约翰·韦恩（John Wayne）和鲍勃·霍普（Bob Hope），以及投资大师沃伦·巴菲特（Warren Buffett），年轻时都曾是送报员。

在英格兰，法国的洋葱贩子或"Onion Johnny"成为了20世纪的大部分时间里家喻户晓的人物。在英格兰，为他们的洋葱找到一个更有利可图的市场，他们在7月穿越英吉利海峡，在谷仓存储洋葱，随后向着公路和偏僻小路出发，他们头上戴着贝雷帽，自行车上张灯结彩的挂满了粉红色的洋葱。20世纪二三十年代，他们的交易达到了顶峰，超过一千个小贩进口了90 000吨洋葱。与英国洋葱相比，英国的

1900年，一个男孩在宾夕法尼亚州的哈里斯堡送《哈里斯堡电讯报（Harrisburg Telegraph）》。

家庭主妇喜欢又甜、又味道浓郁的法国洋葱。对许多人来说，这是唯一与外国人联系的渠道，也使他们接触到了更为广阔的世界。

这些人到英国的一部分原因是因为语言。对于这些布列顿人来说，英语和巴黎的法语一样，对他们同样都是那么陌生。一部名为《San Ferry Ann》的英国无声喜剧电影，讲述了一群英国人在法国度假，一个法国洋葱贩子在路上把他的货物推到路上，引起一片混乱，造成了交通混乱，汽车、行人们都在洋葱上滑倒，哭笑不得。这个小贩把自行车扔进河里，然后跳进河里。

但是，也许与自行车关联度最高的职业是邮递员，还有英国警察，这两个世界的永恒象征已经逝去了。

《通缉机灵精》——送货男孩、警察、邮差

自行车在世界各地的邮局广泛使用，但其实是英格兰首先在1929年专门为邮政工作设计了标准款自行车。局长的是黑色的，其他人的是红色的。该自行车的一个特点是使用了一些非标件，以防路人或邮递员本人盗窃自行车。很多是由批发合作社生产，并且配备了GPO前灯，鞍座工具包和能承重22kg的前端架。这个前端架固定在自行车架上，而不是前叉上，这样在迫降时不会产生影响。每月邮差会有1先令补贴作为维修护理费。1941年一本名为《骑行》的杂志曾向这款自行车致敬：

> 电报可以在几秒钟内环绕地球；照片可以瞬间从纽约发到伦敦；汽车和特快列车可以将信件送到全国每一个角落。即便如此，自行车仍有一席之地。

邮差之后是"英国警察"。起初，英国警察骑自己的自行车，但很快自行车像警棍和手铐一样已经成为警察基础装备的一部分。1896年，东约克郡警察署购买了12辆自行车，并配备了邓禄普轮胎，行李箱，警铃和车灯，总价12磅16先令。当地其他警力纷纷效仿，很快，自行车上的警察就成了常见景象。在随后的几年里，罗利DL-1敞篷跑车非常受欢迎，配备28英寸轮毂，杆式制动器，后部发电机和电池组，为车灯持续护航，而且车架需要大尺寸的：因为过去要求警察至少5.10英尺高，伦敦金融城的警察至少6英尺高。

上图：1938年，南威尔士州的布列塔尼洋葱贩子。

右图：自行车上的英国警察：20世纪40年代一名警察骑车离开。

《通缉机灵精》—— 送货男孩、警察、邮差

"弹性和活力"——安妮·伦敦德里和合适的着装

可以说，对于一个自行车发烧友来说，着装是最重要的装备之一。自行车车手既要保持温暖，还要减少阻力。这就需要同时考虑实用性、能见度和灵活性：那种可以让人在山间漫步的靴子和着装，对于在自行车上蹬车的车手来说是完全不合适的。

但在骑行之初，这个挑战因为另外一个因素而变得更复杂了。自行车使男人从乏味的城市生活中解放了，同时它们也给女人以自由。自行车使女人得以减轻家庭的负担，也可以让她们漫无目的的旅行。女士骑自行车就不再需要花打车费，而且自行车维护起来又不像养马那么贵。因此，自行车开始赋予女性人身和财务上的独立性。1896年，美国的女权主义者苏珊·安东尼（Susan B. Anthony）声称，"在解放妇女这点上，自行车可能比世界上的其他事物做得更好"。

然而，骑自行车也对传统女性观念发起了挑战。在19世纪，女性被要求骑马时侧骑。而那时跨越某些东西被视为一种性暗示，也是所有体面的女士都应该避免的行为。一位法国医学专家甚至评论道，骑自行车会毁掉"婚姻必需的女性器官"。由此带侧鞍的自行车出现了，但是，正如你所料，基本没什么用。

1889年，出于对女性这一礼仪的体谅，斯坦利公司推出了一款

1885年，在一位女性帮助另一位女性增加平衡性时，说"我认为你得换装备了"，一语道出女士着装的不实用性。

斯坦利"女士心理自行车"－基本上就是一款带有菱形车架的安全自行车，这种设计一直延续至今。也因此女士得以摆脱在必须蹬腿骑车时带来的侮辱。但是女性骑车时需着传统裙装和连衣裙装这一基本问题仍然存在。穿这样的服装骑自行车是相当危险的。1897年4月，一位切尔滕纳姆居民给《每日邮报》写了一封信，内容如下：

两名年轻女士并排骑着自行车，风很大，其中一个人的裙子被风卷进另一个人的车轮里，缠住了。两个人都翻车了。当他们被扶起时，他们的裙子也基本都掉了。呃，我认为有必要换一种着装方式。

但1896年9月另一封写给《每日新闻》的信语气则更为严肃。信里讲述了坎布里亚郡一位卡尔小姐的去世。根据她朋友的叙述，在外出骑车时，"卡尔小姐双脚腾空开始速降，当发现山坡越来越陡时，她想重新踩住脚蹬，但没有成功"。这封信的作者总结道："我认为她之所以没成功是因为吹起的裙摆阻挡了她的视线，她得盲找脚蹬。如果她能一眼就看到脚蹬的位置，很有可能会活下来。"

"弹性和活力"——安妮·伦敦德里和合适的着装　　99

因此，1881年，为进一步促进女性着装改革，合适着装运动兴起，自行车在其中起了关键性作用。对于在减少对女性骑车着装和日常着装的偏见上，自行车所起的作用，美国的支持者弗朗西斯·威拉德（Frances E. Willard），总结道：

> 如果女性骑自行车，着装必须更注重合理性而不是常规性。一旦坚持，对女性着装的偏见就会自行消失。合理性将开创先例，不久的将来，骑手充满舒适性、合理性和艺术性服饰的衣橱将使传统的女性裙装显得荒唐而不可理喻。

有些男人认为女人穿"开叉衣服"是可耻的，有些人则赞成。赫伯特·乔治·威尔斯（H.G. Wells）的代表作《机遇之轮》中的男主角，曾这样评论他亲眼所见的穿着合适着装骑车的年轻女性："她看起来丝毫没有丧失女性气质……她看上去多美啊，骑着自行车，面部有些红润，呼吸急促，但充满弹性和活力！谈谈你所谓的淑女，面如菜色的看家女孩吗！"

推动合理服饰，普及女性骑自行车的领军人物是安妮·伦敦德里·科普查夫斯基（Annie 'Londonderry' Kopchovsky），1896年，她成为首位骑车周游世界的女性。值得注意的是，她这样做本是因为一个赌注，不仅要在15个月内骑车环游世界，而且要在途中赚取5000美元——这是对女性体力的考验，同时也是对她财务自立能力的考验。伦敦德里西亚水务公司（Londonderry Lithia Water Company），支付给安妮100美元，安妮利用自行车给这家公司打广告，并将名字改为伦敦德里。她于1894年从波士顿出发，据一位观察者说她"像贝肯街的风筝一样起航了"。她骑着一辆19公斤重的哥伦比亚自行车，大部分时间穿着男式服装。她的成功对于骑行界来说是一个巨大的胜利，对于女性来说更是如此。在接受《奥马哈世界先驱报》采访时，她表示"不久的将来，所有女性，无论学历高低，都能跨过轮子。"

上图：20世纪，在一家摄影馆里，安妮·伦敦德里（Annie Londonderry）穿着裙子，摆出推车的姿势。注意自行车的无横梁车架。

左图：1898年，在为莱吉亚（Legia）小轿车和自行车制作的一则广告中，一位女士身着开叉衣、灯笼裤。

"弹性和活力"——安妮·伦敦德里和合适的着装

制造业的世纪

"打铁先要自身硬"这句名言出自一部关于棒球的电影,当我们了解了自行车制造和工业革命如何携手并进时,这句话会更加让人信服。

上图:罗利的工厂工人展示他的产品,像轮中有轮。

右图:20 世纪 80 年代,成千上万的罗利自行车排成排,准备出售。

安全自行车的发展是取代用马匹和马车运输的重要一步,因为有一点速度,所以它能让人们,最初主要是工人,行驶一段合理的距离。这使他们能够在主要城镇工作,并帮助开发工业流程,从而大规模生产所需要的零部件,以供所有人使用。

第一家真正生产自行车的工厂由法国巴黎的米修家族(Michaux)经营。该公司在 19 世纪 60 年代开始生产自行车时,已经是一家培养教练的公司。一位旅行推销员将一辆米修自行车带回考文垂,发展出了英国第一家自行车厂。

罗利·特纳(Rowley Turner)是巴黎考文垂缝纫机公司(Coventry Sewing Machine Company)的销售代理,他的叔叔约西亚·特纳(Josiah Turner)是公司的董事。侄子通过自己拿下的第一笔订单(他打算出售给法国市场)鼓励叔叔将业务扩展到自行车,英国的自行车制造业诞生了。事实上,由于这一方面的生意取得了巨大的成功,到了 19 世纪 60 年代后期,该公司的名称变成了考文垂机械公司(Coventry Machinists Company),到了 1880 年代中期,公司完全停止了缝纫机的生产。

这家公司是多家工厂的发源地,员工从这里开始着手建立了贝里斯(Bayliss),托马斯有限公司(Thomas & Co.),森托儿自行车有限公司(Centaur Cycle Co.),史密斯(Smith),史达雷有限公司(Starley & Co.),希尔曼(Hillman),

赫伯特（Herbert）和酷跑（Cooper）等公司。这种温室效应一般的发展意味着考文垂迅速成为世界自行车制造中心。在百花齐放的形势下，最伟大的突破罗孚安全自行车（Rover Safety Bicycle）脱颖而出。

　　安全自行车的生产和成功开辟了骑行的黄金时代。罗利自行车公司（Raleigh Bicycle Company）在这段时间内出现，并且是现在仍在运行的为数不多的几家公司之一。它建于诺丁汉，以第一家工厂开业所在的街道命名。几乎同时在美国大西洋彼岸成立了一个重要组织，旨在提高骑自行车者的利益。美国自行车联盟（The League of American Wheelmen）成立于1880年，具体促进美国铺设道路。20年内会员已超过10万人。美国第一家大型制造商是阿尔伯特·波普（Albert Pope）在波士顿的公司，但也有一说其实是阿道夫·施瓦诺克（Adolph Schoeninger）的西方车轮厂，原来是一家玩具公司，为取代耗时长成本高的零件制造才真正开始大规模的生产自行车。1891年，他们制造了25 000多辆自行车，4年后增加到55 000辆。他们最畅销的款式是新月（Crescent），专门销售给女性骑手，因为新形车架没有横梁，使穿连衣裙骑行更容易。

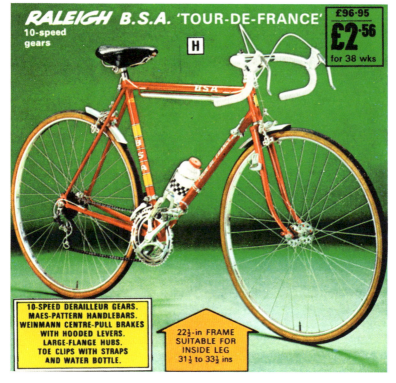

左图：与专业人士骑"同样"的自行车成为了现实！

右图：随着西方制造业逐渐衰退，东方对自行车的需求开始崛起。这是1994年深圳的中国自行车公司生产大名山地自行车的生产线。

因为战争的原因，而出现这么多发明创造是一件可悲的事情，但我们不能忽视大战的影响。尤其是英国的伯明翰轻武器公司，在战争年代取得了长足的进步。直到1908年，通常还说，伯明翰只生产自行车零件，但从这一年开始，他们开始生产成品自行车了。他们很快成为警察和军队的重要供应商，在战争期间，他们推出了可折叠并可以背在士兵背上的自行车（见第97页）。事实上，那时大多数军队至少有一个自行车步兵。看公司的名字，显然他们也向军队供应武器，包括那款可能是公司最有名的武器——刘易斯枪。

随着冲突带来的经济困难，这场战争也使国内骑车的人数进一步增多，因为它依然是一种便宜的交通方式。当回归和平后，这种增长仍在继续，而被迫进入工厂的妇女们成为了新的劳动力，产量持续走高。在20世纪30年代末，罗利公司一年就生产了50万台自行车。随着第二次世界大战的爆发，增长突然停滞，因为生产自行车的工厂被迫为战争制造物资。罗利的自行车产量下降到总产量的5%。

自行车在战争中仍然存在,但被他们的兄弟——摩托车所取代,这是战后骑行工具命运的预兆。不一定是厄运的预兆,但算是一种预警,未来对自行车的需求会改变。直到第二次世界大战之前,自行车还是开展工作、交付货物等的主要工具,但这种情况从20世纪50年代起发生了变化。随着摩托车和汽车的增加,财富的增长,对最便宜的交通方式的需求相应减少。这本可能是自行车的丧钟,但事实却并非如此——它只是使自行车从商业用途转向休闲活动的开始。

转向休闲和体育用途意味着创新和多元化,成为保持行业稳定的重要组成部分。当自行车只被用作上下班的交通工具时,需要以特殊而又相似的方式进行建造和设计。随着从越野到赛车的各种新用途,自行车的形状和外观变得更加多样化。这导致了制造业的分裂,一方面是大型工厂生产的符合大众市场的现货自行车,另一方面是由自行车工匠按需私人订制。因此,虽然所有的自行车的前身仍是罗孚安全自行车,但现在可以按照许多能够想象到的用途来制造了。

制造业的世纪

自行车和广告艺术

广告艺术是伴随自行车一起成长起来的。第一批自行车在那时是贵重商品。1883年,一辆大小轮自行车(Penny Farthing)要12.5英镑,相当于一个农业劳动者5个月的薪酬。随着制造商越来越多,生产过程越来越机械化,自行车的价格才逐渐降低。但一辆自行车仍是昂贵的投资——在维托里奥·德西卡的电影《偷自行车的人》(1948)中,为了给丈夫买一辆自行车,一对夫妻典当了他们的结婚礼物。因此,在早期,广告中诱人的媒介是自行车业成功的关键因素。

"Scorcher安全自行车——最佳选择、最炫单品"这是1982年美国旧式广告中,为首则自行车广告设计的宣传语。把不被大众所熟悉的自行车外观用比较粗略的形式描绘出来:车轮和车把看着不成比例;链轮和链条几乎无法识别。整个自行车看着像一个全新的,近乎陌生的东西。但通过名字能看出制造商意识到这是个新兴市场。"Scorcher"是个俚语,指那些以危险高速驾驶这些机器、不考虑其他车辆或行人的鲁莽年轻人。然而,制造商似乎正借此名发挥,骄傲地吹嘘着:"遍地都是代理商。"

其他广告商将注意力放在他们机器的运动氛围上。塞纳河畔纳伊市艾扬自行车公司(Alcyon)的一张海报展示的是冠军车手弗朗索瓦·法贝儿(François Faber)冲向观众的场景。出生于卢森堡的法贝儿是1909年第一位赢得环法自行车赛的外国人,而且他是连续五个赛段获胜的纪录保持者。这张海报代表了战前对自行车的所有信心和热情(法贝儿死于1915年阿拉斯附近的阿图瓦之战)。还有一个有趣的地方是,艺术家的技巧处理问题,如给法贝儿手臂和腿部呈现出完美光影,还有他的艺术创作——白色手柄形成"Alcyon"这个名字中的字母"Y",字体采用蛇纹艺术

上图：1892年Scorcher安全自行车的早期广告——'Scorcher'是指以极快的速度驰骋的年轻人。

艾扬（Alcyon）自行车的平面海报，通过环法自行车赛冠军弗朗索瓦·法贝儿（François-Faber）来彰显该自行车的运动品质。

这幅美丽的石版画捕捉了世纪之交变幻时代自行车的地位，用现代风格将巧妙的广告设计和视觉上的吸引力融合在一起。

左图：这幅美丽的石版画捕捉了世纪之交幻时代自行车的地位，用现代风格将巧妙的广告设计和视觉上的吸引力融合在一起。

字。20世纪二三十年代艾扬自行车继续主导环法自行车赛，并涌现了尼古拉斯·福兰特（Nicolas Frant）和莫里斯·德·瓦勒（Maurice De Waele）等车手。

除了与体育氛围关联外，自行车也会为女性或请女性代言，并经常以牺牲男性为代价来表达幽默感。一则"Fucosine"的防穿刺液的广告中就是，夸张地说"泄气的轮胎太多了"，画面中通过一名年轻女性掠过一个轮胎泄气的男性车手，展现出女性独一无二的高超技艺。她单手巧妙地骑着，一手拿花，一手高举"Fucosine"。男性骑手跪在路边，感到泄气的不仅是他崩溃的精神和受伤的骄傲，还有他丧失了曾经传统的男性特权——滞留的女性修理她们的自行车。

有时，自行车广告能接近精美艺术的高度。欧仁·格拉塞（EugèneGrasset）为乔治·理查德（Georges Richard）自行车制作的迷人版画就是一个很好的例子。格拉赛是瑞法后裔，并且是百丽时代最具影响力的新艺术派艺术家之一。他是一位备受尊敬的自行车制造商，为自行车提供终生保障。但在海报中，格拉赛勇敢地将自行车本身缩小至海报右下方。相反，另一则广告中，一头红发的美丽女性占据了主体，与背景中的棕色和绿色带形成鲜明对比，暗示了景色，同时彰显了体育运动。但女人和海报的注意力都放在她手中的四叶草上——乔治理查德自行车的商标。格拉斯特已经把这个标志变成了真实的标志，但它也再次变得不真实，它把蓝色的叶子放在一个白色的圆圈内，将它变成一个自行车轮子，也是自行车自然和好运的象征。

自行车和广告艺术

闪亮的车座

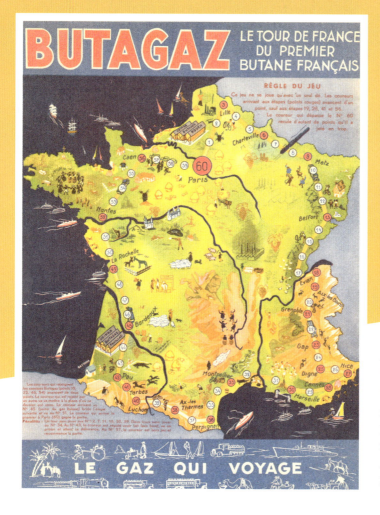

左图：20世纪30年代以环法自行车赛为主题的棋类游戏。

右图：环法自行车赛的第一个冠军毛瑞斯·盖利（Maurice Garin）以及和他一样令人印象深刻的胡子兄弟。

环法自行车大赛

对于自行车手来说，环法自行车赛就是足球界的世界杯，犬类比赛的克鲁兹，是成就的顶峰。像足球世界杯和犬类锦标赛一样，你不需要说出该项运动的名称或讲述任何细节；只说"Le Tour"就足以让世界各地的人知道你的意思。这项比赛是对骑行体能、速度、技巧以及最重要的耐力的终极考验。

　　Le Tour 是 1902 年由运动日报"L'Auto"的自行车专栏记者勒菲弗所构思的，本想通过这一方式使报纸的阅读量超过主要竞争对手 LeVélo。奇怪的是，这种体育报纸之间的竞争是由于与自行车无关的争议德雷福斯事件引起的，当然那是另一个故事了。虽然这是勒菲弗的想法，但确是报纸的编辑亨利德格朗日（Henri Desgrange）把这场比赛落到了实处——把它像私人财产一样运行了起来，直到 1936 年因病被迫停止。那些年间，他采用勒菲弗的理念，将其塑造成世界上规模最大和最受欢迎的体育赛事之一。

　　第一场比赛于 1903 年 5 月底和 6 月初举行，共有六个赛段，总长达 1 509 英里（2 428 公里）。当时共有 84 个参赛者，只有其中 60 个参赛者参与整个赛段，其余的参赛者仅参加一个或几个赛段。第一场巡回赛由法国人毛瑞斯·盖利（Maurice Garin）赢得，他也赢得了六个赛段中的三段。他在第二场巡回赛中也首先越过了终点线，虽然后来因作弊被剥夺了这一荣誉（包括在某个点乘坐了火车）。

　　不仅盖利在第二场巡回赛中被取消资格。比赛期间，有 9 名车手因各种原因被淘汰，尘埃落定后，法国自行车运动协会就开始调查一些骑手针对其同行的竞争对手做出的指控。结果是，每个阶段的获胜者，实际上组成了前四名中的前三名（盖利，伊利波特·奥库蒂里耶和吕西安·波蒂埃）（Garin, Hippolyte Aucouturier and Lucien Pothier）以及前四名中的第四名塞萨尔·盖利（CésarGarin），都被取消了资格。这使得19岁的亨利·考内（Henri Cornet）成为冠军。

右图：右骑者风他们的方式通过比利牛斯山脉，1933年竞赛

作弊之广，花招之多和体育行为之失差点使第二场巡回赛成为最后一场。该事件暂时被搁置，1905（第三场）巡回赛直到新规则出台后才举办，新规则让判罚变得更容易。赛程长度缩短了，所以不再需要夜间骑行，赛程的数量增加到11个，而获胜者采取积分制而不是只由时间决定。

第三场巡回赛对于整个比赛的发展也很重要，因为这是第一次看到骑手登上山峰。正是山区赛段，把巡回赛与其他赛事区别开来，这个赛段与最后群体冲刺同样重要，是成功的关键所在。

在发展的几年间，德斯格朗吉（Desgrange）一直在分析怎样决出获胜者。最初是由比赛所花的总时间决定，但从1906年开始到1912年，采用了赛段排名积分制。德斯格朗吉其实对这两种方式都不满意，认为两者都有失公允。前者的话，可以看到有人一天状态糟糕就会被淘汰出局，而后者使得每个赛段只有终点部分是重要的，这样骑手们就会悠着骑，为最后的几公里保存体力，好像比赛在那时才真正开始。这就违背了设计比赛的初衷：对人类耐力的严酷考验。

多年来，德斯格朗吉试图与车队的影响作斗争，认为比赛应该是关乎个人的。虽然车手主要是由当时的工厂选拔并由工厂支持，但德斯格朗吉认为不应该允许他们干涉比赛本身。这扩大到车手不得不自己修理自行车，而且直到1923年，车手整场比赛下来只骑一辆自行车。直到1936年由于前列腺手术德斯格朗吉退出比赛，继续与工厂及其团队对比赛的影响作斗争。事实上，听他讲关于比赛被团队控制的看法是很有趣的——更具体来说就是团队战术——只宣传他们中的一个成为最终的赢家。事实是，尽管他憎恨他们，但自行车制造商保障了公路赛的顺利进行。

环法赛英雄榜

首届冠军：毛瑞斯·盖利，1903

最年轻冠军：1904年亨利·考内取得冠军时只有19岁

最年长冠军：1992年费马·兰伯特取得冠军时已经36岁

获得冠军次数最多的选手：雅克·安奎狄，伯纳德·伊诺，埃迪莫克斯和米格尔·安杜兰 都赢得过5次

从比赛开始到最后都领骑的选手：毛瑞斯·盖利（1903），菲利普·蒂斯（1914），奥塔维奥·波特奇亚（1924），尼古拉·弗朗茨（1928），罗曼·梅斯（1935）

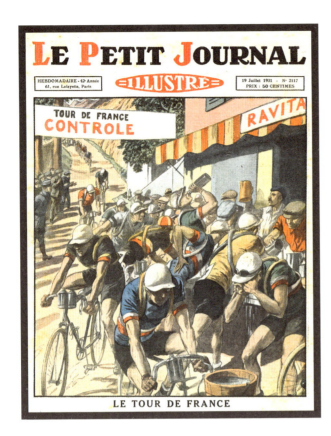

左图:《小日报(Le Petit Journal)》是最早通过宣传自行车比赛提高自己发行量的报纸之一,图为报道1891年巴黎——布雷斯特比赛。

右图:雅克·安奎狄(Jacques Anquetil),五次环法冠军,穿着著名的黄色领骑衫。

说到环法赛,就很难不提到兰斯·阿姆斯特朗(Lance Armstrong)。从1999年到2005年,他赢得比赛如入无人之境。共有四名选手(雅克·安奎狄,埃迪·莫克斯,伯纳德·伊诺和米格尔·安杜兰)(Jacques Anquetil, Eddy Merckz, Bernard Hinault 和 Miguel Indurain)曾5次赢得环法赛,没有人赢得过6次,只有兰斯·阿姆斯特朗赢得了7次,而且还是连续获胜。这是一个超人的成就,为他在全球范围内收获了大量粉丝的崇拜。不过有意思的是,现在看官方数据,已经把兰斯·阿姆斯特朗从骑行界除名了。曾经由于第二次世界大战,从1940年到1946年整整七年都没有获胜者,但兰斯·阿姆斯特朗服用药物事件,给环法记录史留下了同样长度的空白。兰斯·阿姆斯特朗年代留下的问题不仅仅是让7处本应写有环法冠军名字的地方变成了空白。而且,现在每年都会对获胜者进行仔细检查,不放过任何可能违反兴奋剂规则的蛛丝马迹。

这样一个巨大的体育赛事差点折损在一人手里是令人惊讶的,但事情确实就这样发生了。确保赛事的纯洁性是国际自行车联盟,所有的自行车选手及其团队的职责——事实证明确实如此。数百万人通过个人、电视、网络和社交网络跟进比赛过程,因为他们喜欢的比赛是对人类耐力和努力的最严峻考验,所以希望确保它的获胜者站上领奖台是凭借自己的努力,而不是针剂。

像其他大型公路赛事一样,比赛最初由主办国独占鳌头,有 36 名环法冠军都来自本土。比利时、西班牙和意大利共赢得过 40 场,其余场次的环法冠军被另 9 个国家瓜分。令人惊讶的是,英国直到 2012 年才首次赢得这场比赛,这要归功于布拉德利·威金斯爵士(Bradley Wiggins)——当时还只是普通人的布拉德利。之后克里斯·弗鲁姆(Chris Froome)又迅速在 2013 年和 2015 年为英国增加了两次冠军数。

随着自行车作为一项体育运动和休闲活动的日益普及,环法赛走入第二个世纪时,赛事的影响力越来越强。你可能本身不想骑,但是没有几项运动能让爱好者走他们的偶像所走过的路线,并经受相同的考验,但这项运动,作为第一个伟大的公路赛事,做到了。

环意大利自行车赛

六年前法国一场报社发行量之战，为我们带来了环法赛，六年后又是报社之战为我们带来了环意赛。顾名思义，《La Gazzetta dello》是一份只涵盖体育新闻的报纸，但它仍然与既报道体育和又报道新闻的传统报纸存在竞争关系。据说当时《La Gazzetta dello》体育报的一个竞争对手《Corriere della Sera》正计划一场自行车比赛，结果被《La Gazzetta》捷足先登。

左图：阿切勒·必达宁（Achille Beltrame）为《La Gazzetta dello》报举办的第一届环意赛所拍照片。

右图：1909年第一届环意赛，路易吉·加纳（Luigi Ganna）已经精疲力尽，顾不上庆祝胜利了。

那件球衣没人想要

在短时间内（1946～1951），一个黑色的泽西—拉马格利亚娜拉—被骑手穿在了一般分类的底部。

在过去的几年中，《La Gazzetta》报已经成功举办过两场较小型的比赛：环伦巴迪赛和米兰——圣里诺古典赛。于是在1908年8月7日，该报宣布第一场环意自行车赛将于次年举行。自1909年5月13日开始，共有127名车手角逐8个赛段的比赛。第一场巡回赛的总冠军由积分系统决定，每个赛段的获胜者获得1分，第二名2分以此类推。因此，总冠军是完成所有赛段后积分最少的车手。只有49名车手完成了全长1521英里（2448公里）的骑行。

首届环意赛的第一个赛段是从米兰到博洛尼亚，是当年最长的一个赛段，覆盖246英里（397公里）。路易吉·加纳（Luigi Ganna）在第一赛段排名第四，在第二赛段排名第二，成为总积分榜的第一位。从第三个山区赛段开始，直到最后5月30日重返米兰，他一直排在积分榜首位，第二名卡罗·加列蒂（Carlo Galetti）仅以两分之差惜败。不像现在的比赛车手几乎没有休息日，第一届环意赛总共进行两周半，车手只在周四，周日和周二进行比赛。

加列蒂因在第一届环意赛与冠军失之交臂深受激励，在接下来的两年里分别击败100名和85名车手，获得两届环意赛冠军——彼时，环意赛的总距离已经增至2191英里（3526公里），赛段增至12个。当主办方决定1912年的环意赛将使用团队计时而非个人计时，加列蒂被否决了一个可能胜利的帽子戏法。即便今天这依然是一个不合时宜的决定，在当时引起了热议。理由是，尽管可以确定一个单独的获胜者是谁，但实际上，没有球队的帮助，单独赢得比赛是不可能的。因此，这场比赛显而易见是团队赛而非个人赛。

环意大利自行车赛

Binda's 1927 Monopoly

In 1927 Alfredo Binda won 12 out of the 15 stages! This is still a record. He also jointly holds the record of 5 Giro victories with Fausto Coppi and Eddy Merckx.

The One and Only

Alfonsina Strada is the only woman to ever compete in the Giro. In 1924 she entered as Alfonsin Strada when a dispute with the teams led to the Giro allowing individuals to apply for a place. By the time it was discovered she was not a he, it was too late and she was allowed to ride.

右图为 1959 年环意赛，沃尔特莫里农（Walter Molino）为骑行大集团拍的照片

车队包括 4 名车手，其中每个赛段必须有 3 名车手完成，车队才能继续参赛。胜出的车队仍然由积分系统决定，有成员获得赛段冠军的车队得 4 分，有 2 名车手排在前四名的车队再加 2 分，任意赛段有 3 名车手完成的车队再加 1 分。除了这场变化带来的争议，这场比赛还在第四阶段蒙上了阴影，车手走错了路线，结束时抵达的最后一个赛段不是罗马一个体育场！

在两名队友乔凡尼·米切勒托（Giovanni Micheletto）和佩武西（Eberardo Pavesi）的帮助下，这个"一次性实验"以加列蒂和加纳的阿塔拉（Atala）团队赢得比赛而告终。让大家高兴的是，接下来这一年的比赛又恢复到之前的形式，但这只持续了一年，又发生了最终也是根本性的变化，获胜者由总时间决定。

第一名"计时赛"获胜者阿方索（Alfonso Calzolari）比下一名车手快了 1 小时 57 分 26 秒。这接近一小时的优势迄今仍是纪录！部分原因在于，只有 8 名车手完成了 8 个赛段，平均长度接近 250 英里（400 公里）的比赛。这比如今的赛段长度的两倍还要多。由于强降雨整场比赛的条件都非常恶劣。在比赛进行到四分之一时，卡尔佐拉里已经超过第二名 1 个多小时，其他车手们被远远落在后面。

环意大利自行车赛

最左图：2012 年，莱德·海斯达尔（Ryder Hesjedal）成为第一位穿着环意赛粉衫的加拿大人。

左图：首届环意赛起点米兰街头，车手云集，图片来自阿切列·毕达宁（Achille Beltrame）。

立足之地

在1928年的环意赛中，共有298名选手涌现米兰街头，创造了历史之最。参与人数最少的是1912年的比赛，只有56人参加。

只差一点

1948年的比赛难分轩轾，Fiorenzi Magni用124小时51分钟52秒完成比赛，仅以11秒之差险胜吉奥·切基（Ezio Cecchi）。

卡佐拉里（Calzolari）在1914年赢得比赛，这份荣誉他一直保持到1919年，因为直到世界大战结束比赛才再次举行。恢复后，意大利在这个比赛上的统治地位一直持续到1950年，冠军终于不再属于环意赛本土车手，被瑞士雨果·科布莱特（Hugo Koblet）收入囊中。意大利垄断局面被打破后，又有来自其他十个国家的选手拿过环意冠军，但意大利仍然以68次冠军占据霸主地位，而排名第二的比利时则是7次。

环意赛的领骑和最终获胜者可以获得粉色领骑衫——玫瑰衫（La Maglia Rosa）加身的荣誉。这种颜色于1931年推出，是为纪念发起这个比赛的报纸《La Gazzetta》，因为报纸的颜色就是粉红色。

左图：弗兰科（Franco）统治期间，西班牙实行孤立政策，在他的任期内环西赛经常不开展。

下图：车手在马德里皇家宫殿之下驰骋而过。

环西自行车赛

好事成"三"——在经过近三十年的等待之后，1935年，西班牙将其大型公路赛加入到环法赛和环意赛中，使两大公路自行车赛变成了三大顶级赛事。与其他两个兄弟赛事一样，环西赛成立之初也是为了促进报纸的发行量。不过令人遗憾的是，不像发起其他两大赛事的期刊，《Informaciones》报纸已不再发行并于1983年倒闭。但人们不会忘记是它促成环西赛—此赛事依然风头正劲。

环西赛早些年正处在在全球和国家政治动荡时期，有些风雨飘摇。前两届比赛均由比利时选手古斯塔夫·戴勒（Gustaaf Deloor）赢得冠军，领先差距相对较小。由于与已经成型的环意赛赛期接近，所以参赛人数受到了影响。1935年，环西赛5月15日结束，环意赛18日开始，想两个比赛都参加几乎不可能，1936年的比赛日期更是重叠了。环西赛的组织者从早年的其他公路大赛中吸取了教训，所以环西赛从一开始就是计时赛。戴勒赢得第一届比赛时，骑行超过2147英里（3455公里），领先12分钟多一点，而赢得第二届比赛时，领先不到12分钟。

1936年5月31日，戴勒越过大赛终点线后仅六周，西班牙内战爆发。这场冲突蹂躏了这个国家近三年，而且又过了两年环西赛才重新开始。令人惊讶的是1941年的比赛正值第二次世界大战。正因为如此，首发只有32名选手参加，但JuliánBerrenderoMartín在这场比赛中获得了首场主场胜利。他在第二年有40人参加的情况下

再次重复了这项壮举。由于第二次世界大战赛事再次告停,但这次只停了一年。出人意料的是欧洲胜利日仅仅两天后,环西赛就在马德里开赛了,这次诞生了又一位西班牙冠军 Delio Rodríguez Barros。

2015 年环西赛的第九个赛段,沿西班牙东南海岸从托里维哈到瓦伦西亚自治区共 130 公里。

环西赛早期办办停停的情况并没有随着世界和平的到来而结束。Francisco Franco 在西班牙内战中巩固了政权,自 1936 年开始统治西班牙。第二次世界大战结束后,西班牙深受经济和政治孤立的影响。这种局面导致大赛又一次中断,直到 1955 年,国际关系有所改善,西班牙可以加入联合国时,这种中断才结束。

1955 年的再次举办比赛,又一次多亏了媒体,不过这次是《巴斯克报纸》(El CorreoEspañol)。这个全新的比赛创造了首发 106 个车手的记录,是以往比赛的 2 倍。在当时这也是距离最短的一次,全程只有 1725 英里(2776 公里),15 个赛段。

最终,经过 20 年的风风雨雨,环西赛终于步入正轨,并且自此成为年度自行车赛事表中不可分割的一部分。与其他两个大赛一样,环西赛也一直由本国选手统治,

左图：从托雷维耶哈到巴尼塔切尔，沿着西班牙东南海岸130公里处的拉维尔塔的第9级。

但程度不尽相同。69场比赛中，有32场由西班牙选手赢得，其次是法国，获得过9场胜利。西班牙选手罗伯多·赫拉斯（Roberto Heras）曾4次赢得比赛（在2000年，2003年，2004年和2005年）。他的最后一场胜利因毒品争议而蒙上阴影，以至于被剥夺了冠军头衔转而授予了亚军俄罗斯人丹尼斯·曼乔夫（Denis Menchov）。在对测试的有效性提出上诉后，西班牙一家法庭于2011年裁定赫拉斯是合法获胜者，但UCI尚未更改其记录。还有两位车手曾赢得过三次冠军，分别是来自瑞士的托尼·罗明戈（Tony Rominger）和来自西班牙的阿尔贝托·康塔（Alberto Contador）。

只有6名选手在职业生涯中实现了三冠王。法国人雅克·安奎狄（Jacques Anquetil）在1963年取得了环西赛胜利后，成为第一个三大公路赛每个赛事都至少赢过一次的车手。这6名选手还包括菲利斯·吉蒙迪（Felice Gimondi）（意大利），埃迪·莫克斯（Eddy Merckx）（比利时），伯纳德·伊诺（Bernard Hinault）（法国），阿尔贝托·康塔（Alberto Contador）（西班牙）和文森佐·尼巴里（Vincenzo Nibali）（意大利）。其中，只有伊诺和康塔每个赛事赢过一次以上。事实上，伊诺连续赢得了三大公路赛，但不是在同一年，而莫克斯连续赢得了4次，也不是在同一年。

至高无上的光荣

赛程最长的环西赛是早期1941年那届，全程覆盖了2738英里（4406公里），21个赛段。四年后，德里奥罗德里格斯·巴罗斯（Delio Rodriguez Barros）创造了时间差最大的胜利，回到起点时足足领先对手半小时。时间差最小的胜利是1984年，艾瑞克·凯瑞特斯（Eric Caritoux）创造的，以6秒险胜。1977年，弗雷迪·梅尔滕斯（Freddy Maertens）赢得了19个赛段中的13个，稳稳拿下红色骑行衫。排在下一名的选手只赢了6个。

环西赛一直坚持在4月底5月初开始比赛，与环意赛的赛期太近，直到1995年才改到9月开始。即使有了这个变化，还是很少有骑手能完成这三大赛。1995年改变赛期后，同一年三大赛全部参加的只有28名选手。比赛日期的变化实际上并没有带来多大改变，只多出了13名选手连着参加三大赛。但没有哪位选手在同一年的三大赛中全部获胜。事实上，在这41名同一年完成全部三大赛的选手中，只获得过一次冠军。1957年，加斯通·南西尼（Gastone Nencini）取得环意赛冠军，并分别在环法赛中排名第6，环西赛中排名第9。在同一年的这三大赛事中均排名前十的选手除了加斯通·南西尼（Gastone Nencini），只有1955年的拉斐尔·杰米尼亚尼（Raphael Geminiani）。这是非常困难的，一般的车手会集中精力放在这一年三大赛中的两个或更可能是一个上面，用另一个比赛作准备。

最伟大的车手：从安杜兰（Indurain）到莫克斯（Merckx）

谁是骑行史上最伟大的车手？这是所有骑行爱好者都要问的问题，然而却没有统一的答案。就骑行历史而言，可能是值得纪念的托马斯·史蒂文斯（Thomas Stevens），因为他曾骑着大小轮自行车周游世界。就全面能力而言，可能是荷兰女车手玛丽安·沃斯（Marianne Vos），因为她曾在公路越野赛、公路赛、场地赛和越野赛中都取得过荣誉。但是每当车手们聚集在一起讨论历史上最伟大的车手时，总会出现三个名字：安杜兰（Indurain），考皮（Coppi）和莫克斯（Merckx）。

米格尔·安杜兰（Miguel Indurain）是第一位在环法自行车赛上连续五次夺冠的车手，夺冠时间从 1991 年直到 1995 年（兰斯阿姆斯特朗曾在 1999 年至 2005 年间七连冠，但因为兴奋剂事件在 2012 年被剥夺了所有荣誉）。安杜兰于 1964 年 7 月 16 日在西班牙潘普洛纳附近出生，父母是地道的农民。他在 1983 年成为西班

普通男性
静息心率：每分钟72次
肺容量：4.8升

安杜兰
静息心率：每分钟28次
肺容量：7.8升

牙全国冠军，两年后转为职业选手。在1991年的环法赛上引起了全世界的关注（他在前一年的比赛中排名第十）。那时，谦虚寡言的安杜兰被认为是一个优秀的团队作战选手。但1991年，他加快了步伐。以擅长山地骑行著称的安杜兰先是在第一周获得从阿尔让唐到阿朗松73公里的计时赛胜利，之后继续赢得了总冠军。随后的几年中更是拿下了惊人的四连胜。

安杜兰还有一个值得注意的地方就是他作为一名职业自行车选手的身高和体重：6.2英尺（1.88米），重达12½英石（80公斤）。安杜兰需要比其他车手承受更多的重量，同时也收获了"大米格"的称号，因为大家都知道他有着强大的肌肉力量。选手的骑行能力基本就看可以给腿部肌肉输送多少氧气。卓越的自然体能给安杜兰带来了很大帮助。男性的平均静息心率为72次/分钟，肺容量为4.8升。相比之下，安杜兰的静息心率为每分钟28次，肺容量为7.8升。此外，安杜兰还拥有非常高的 VO_2 max 量值——运动时1分钟内的最大耗氧量。安杜兰的最大量值为88毫升/公斤/分钟——是大多数男性和女性的两倍，70以上就被认作是"超人"了。据报道，在纳瓦拉大学进行的一次测试中，安杜兰曾经把用于测试体能的"功率自行车"骑散架了。"大米格"，这匹骑自行车的野马，无疑拥有着巨大的体能。但关于他非凡的名声和成就，安杜兰表现得很谦虚。他的一位队友说，当安杜兰坐下来在你旁边吃饭的时候，"你甚至听不到他移动椅子的声音"。

左图：1993年环法自行车赛上米格尔·安杜兰（Miguel Indurain）在山上骑行的身影。

下图：1990年的大赛上，安杜兰（Indurain）在高速转弯。

20世纪中叶，法斯托·考皮（Angelo Fausto Coppi）成为公路赛事的霸主。他是一位伟大的全才——短距离冲刺、计时赛和爬坡赛。他在1940年至1953年间赢得5次环意赛，2次环法赛（分别在1949和1952年）以及1953年的世界锦标赛。

1919年9月，考皮出生于意大利的皮埃蒙特。他小时候并不健壮，而且营养不良，但是在课外做一份给屠夫当长工的兼职。

他每天都要骑自行车，爬楼梯去顾客的公寓，因此加强了腿部力量。不久，他开始对骑自行车产生了兴趣，用一位叔叔给的600里拉买了一辆定制赛车。在15岁时赢得了人生第一场比赛，得到20里拉奖金和一个意大利腊肠三明治。四年后，带着他的职业资格证书参赛，这次赢到了一个闹钟。

他的第一个重大成就是在1940年，20岁的他赢得了环意赛冠军，但战争的爆发中断了他的职业生涯。他曾在北非服役，最终沦为英国人的战俘，也是在此期间他成了营地理发师。战后，考皮开始统治骑行界，因为双腿瘦长，所以有苍鹭的绰号。据说，在1946年到1954年间，考皮只要突围成功，大部队就看不到他了。法国车手拉斐尔·杰米尼亚尼（Raphaël Géminiani）曾这样描述他：

当法斯托胜利时你总是想去算他和第二名的时间差，但是你用不着瑞士码表，你听教堂的钟声来计时就行了。巴黎—鲁贝？米兰—圣雷莫？伦巴第？法斯托考皮到达终点后我们闲聊了10分钟~15分钟，第二名才匆匆赶到。

然而，悲伤和丑闻影响了考皮的职业生涯。战争也无疑消耗了他最好的一段年华。他的哥哥，也是一名赛车手，在环皮埃蒙特赛中，车轮被卷进都灵电车的铁轨，车毁身亡。在已婚的考皮与一名已婚妇女发生关系后（当时在意大利算犯罪），意大利也遭到了谴责。最终，在一次展示赛后，考皮罹患疟疾，死于非洲，年仅40岁。尽管悲伤伴随着他的职业生涯，考皮仍是有史以来最成功、最多才和最优雅的车手之一。

上图：在1952年环法赛第18个赛段，巴涅尔德比戈尔到波城——法斯托·考皮（Fausto Coppi）在领骑。
右图：胜利啦！法斯托·考皮（Fausto Coppi）赢得1952年环法赛。

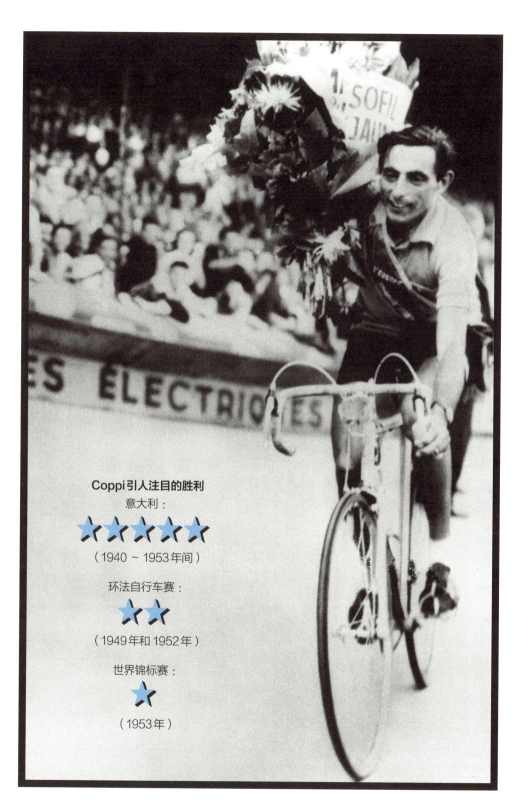

Coppi引人注目的胜利

意大利：
★★★★★
（1940～1953年间）

环法自行车赛：
★★
（1949年和1952年）

世界锦标赛：
★
（1953年）

  可能正是因为比赛的辉煌和残酷成就了埃迪·莫克斯（Eddy Merckx）。他以525 场胜利，其中包括 11 场大型公路赛胜利（环西赛，环意赛，环法赛）结束了 18 年的职业生涯。莫克斯于 1945 年出生于比利时，是一个杂货商的儿子。他擅长各项体育运动，包括篮球、乒乓球、足球——还有对这个极具竞争力的运动员意义非凡的运动——拳击。其实，他 4 岁就开始骑车，并表示，"当我在收音机上听到环法自行车赛时"就想成为一名车手。他在 16 岁拿到职业资格证书，节节胜利。他有"食人魔"的称号，体现了他对胜利的无限渴望。他对比赛最后 100 公里时发动进攻毫不踌躇。他只会全力以赴：在比赛结束后，他只能坐在椅子上洗澡，因为连站起来的劲儿都没有了。

  很多时候，他的统治地位在一些人看来是对这项运动的损害。但法国作家皮埃尔·查尼（Pierre Chany）评论道："有人质疑过莫里哀是否损害了剧院……巴赫是否损害了音乐？"

  在 1969 年布洛瓦的室内自行车赛中，莫克斯和他的领跑员撞到一起。领跑员身亡，莫克斯头部严重受伤，脊柱和骨盆扭曲。据莫克斯称，"从那天开始"，"骑自行

莫克斯创下的数字

18 年职业生涯共获得　　**525** 场胜利　　**11** 包括11场大型公路赛胜利（环西赛，环意赛，环法赛）

车变得很痛苦"。自此，他尝试了各种方法来减轻困扰他的坐骨神经痛，不断调整他的车鞍和骑车姿势，甚至睡在床下的木板上。他赢得了 1970 年的环法赛，但获胜对他来说变得越来越困难。1971 年，路易·奥康纳（Luis Ocana）本来领先 11 分钟，但在闯入第 14 个赛段前放弃了比赛，让莫克斯得以继续冲冠。莫克斯继续比赛，并一直保持着胜利。莫克斯在 1978 年退役，一直战到最后，但他说"没有发生那次碰撞，我能赢得更多大赛"。总结自己对这项运动的态度，莫克斯是最佳发言人："从我比赛那天开始，如果我不赢，我就无法直视镜中的自己"。

左图：1968 年环法赛上，莫克斯进入山路赛段。

右图：莫克斯赢得 1971 年米兰 - 圣雷莫古典赛冠军。最多时一天骑行 298 公里，莫克斯赢过 7 次。

最伟大的车手：从安杜兰（Indurain）到莫克斯（Merckx）

书中的自行车

1898年，赫伯特·乔治·威尔斯（H.G. Wells）发表了《时间机器》，可能在所有科幻小说中，这本书最为重要，影响最为深远。它讲述了19世纪晚期的绅士科学家前往未来探索人类最终命运的故事。起初，这片自在富饶的土地看起来像天堂一般，但很快它就暴露了黑暗的一面。时间旅者意识到人类已经分裂成两个种族——伊洛族，一种弱小的孩子般的物种；莫洛克族，一种穴居地底、捕猎伊洛族为生的物种。在对达尔文论巧妙的重构中，威尔斯暗示现代社会资产阶级的舒适最终会使人类堕落，而中产阶级和工人阶级的分化将不可调和的扩大。

尽管小说的知识灵感源于19世纪的进化论，但时间机器本身的灵感确源于自行车。时间旅者像骑自行车一样跨坐在上面。就像一个业余自行车手，他在出发前进行了例行检查——"最后再点击一次，再次拧紧所有的螺丝，给石英棒上再上一点油，然后跨坐在鞍上"。而当他"旋"进未来时，威尔士几乎将他的旅者描述成一个失控的早期车手：

......这次我在车座上没有坐好，侧身不稳定的坐着。在无限的时间里，我紧紧抱着机器，它摇曳着，振动着，完全不听使唤……

威尔士是一名骑行爱好者。他的早期小说《命运之轮：圣都》（1896年）一书充满了19世纪90年代惊现骑行热潮的气息，助理霍普德里弗（Hoopdriver）先生骑自行车去英国南部旅行的途中，遇到了年轻女子杰西·弥尔顿（Jesse Milton），她也是一名车手。

上图：远离喧嚣的人群——托马斯·哈代（Thomas Hardy），作家兼车手，拍摄于20世纪20年代多塞特郡马克斯门的家。

左图：到无穷远处——电影《时间机器》中的剧照（1960）。

杰西正努力摆脱郊区的出身，为此特意穿着"合适的衣着"——长裤塞入长筒袜。正如自行车为霍普德里弗提供了全新的社会流动形式——对自行车的自然需求也暗示了女性新式的自由和性别角色的模糊。不过，这并不一定会有好结果。尽管霍普德里弗勇敢地从光棍贝哈默尔（Behamel）的注意下将杰西拯救了出来，她还是回到家，决心"过自己的生活"。最后幻灭的霍普德里弗重回服装柜台。对于威尔士来说，骑自行车代表着错过了阶级和解的机会，失败的后果就是时间机器落在错误的圣都。在1934年出版的自传中，威尔士感性的回到过去，那时"自行车是道路上最敏捷的事物……那时还没有汽车，骑自行车的人那种高贵的派头和爱冒险的感觉，现在已经完全不见了"。

自行车总是因为能代表浪漫的逃生吸引着作家，其实它还能连接大自然和机械世界。因此，也有关很多关于自行车的经典漫画：小丑骑单车，猴子骑自行车等。对于爱尔兰作家塞缪尔·贝克特（Samuel Beckett）来说，骑行融合了哲学家笛卡儿（Descartes）关于人类的观点：身体是机器，思想是车手。但是，虽然笛卡儿认为两者的融合相辅相成，但贝克特却认为骑行体现了这种融合的低效和笨拙 - 这正如男主角莫洛伊（Molly）在试图跨上坐骑所描述的：

我将拐杖绑在交叉杆上，一边一个，我一脚支撑着僵硬的腿（我忘了是哪只了，现在都僵硬了）放在突出的前轴上，一脚蹬车。

书中的自行车　133

左图：Enid Blyton 在她著名的五本书中为自行车的不朽做出了巨大贡献，在 1949 年的一次道路安全比赛中，他向一个孩子展示了一句俏皮话。

曾在自己著名的五部曲中致敬骑行运动的艾尼德·布莱顿（Enid Blyton），在 1949 年的道路安全大赛中为孩子们介绍凤头自行车。

另一方面，弗兰·奥布莱恩（Flann O'Brien）的喜剧代表作，《第三个警察》，书中一位当地警察阐述了他的"原子理论"，即人类正在变成自行车，反之亦然：

"人们把大部分的自然生活花费在骑自行车穿过教区的岩石路上，结果导致他们的人格正在和自行车的人格混为一体，进而导致，他们的原子发生了互换，并且你惊讶地发现处在这些阶段的一部分人几乎是半人半车了。"我倒抽了一口气，在空气中发出类似穿刺的声音。"你会震惊于半人自行车的数量，几乎半人，充满一半人性。"

警察解释了怎么当地邮差的71%都由自行车组成，因为40年就围绕着38公里送货。小说的高潮描述了一场与自行车性爱的场景，叙述者走在路上，腿部肌肉抽搐着：

我该怎样表达，我在自行车上，完全与她结合，她用车架的每一个粒子甜蜜的回应我时，我完美的舒适感呢？……她带着同情敏捷地在我的脚下轻轻移动，在石质轨道中找到平滑的道路，巧妙摆动和弯曲着以适应我不断变化的态度，甚至耐心地调整她的左脚踏板适应我尴尬工作的木腿。

不像笛卡尔和贝克特，奥兰弗认为人类和机械的融合依靠良好的索引转换带来的喜悦。

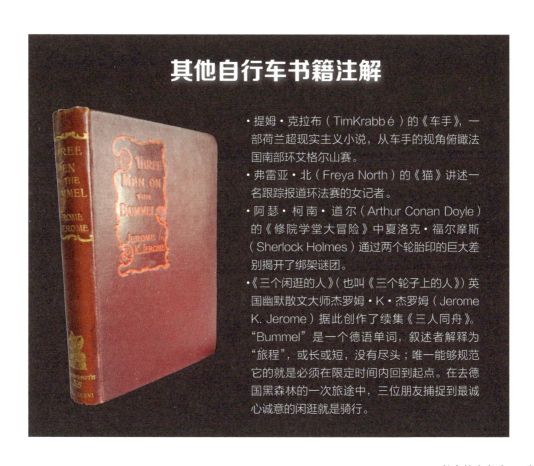

其他自行车书籍注解

- 提姆·克拉布（Tim Krabbé）的《车手》，一部荷兰超现实主义小说，从车手的视角俯瞰法国南部环艾格尔山赛。
- 弗雷亚·北（Freya North）的《猫》讲述一名跟踪报道环法赛的女记者。
- 阿瑟·柯南·道尔（Arthur Conan Doyle）的《修院学堂大冒险》中夏洛克·福尔摩斯（Sherlock Holmes）通过两个轮胎印的巨大差别揭开了绑架谜团。
- 《三个闲逛的人》（也叫《三个轮子上的人》）英国幽默散文大师杰罗姆·K·杰罗姆（Jerome K. Jerome）据此创作了续集《三人同舟》。"Bummel"是一个德语单词，叙述者解释为"旅程"，或长或短，没有尽头；唯一能够规范它的就是必须在限定时间内回到起点。在去德国黑森林的一次旅途中，三位朋友捕捉到最诚心诚意的闲逛就是骑行。

赛场

标准赛道上有很多标记，但有三条线尤其重要（除了终点线！）。这些都标注在赛道上。

测量线为黑色，如果赛道是浅色，或者白色时它就是深色。距离赛道内缘20厘米，准确标记着250米的距离。

领骑线在赛道宽度的三分之一处标记为蓝色，或距离赛道内缘2.45米处，看哪一个较大。在麦迪逊赛上，这是休息车手的分界线。

场地自行车赛相对公路赛,为竞争激烈的自行车赛提供了一个更加纯粹的比赛环境。这个赛事的项目很多,不仅要依靠车手的冲刺爆发速度,还要结合棋手般的计谋。虽然你的场馆可以是任何规模的,但为了符合 UCI 的规定,还是有一些限制的,举办奥运会和世界锦标赛时这些限制更为严格。基本上,一个赛车场由两条直线组成,每个尾端由一条弧形曲线连接。这种基本结构使车手能够达到令人难以置信的速度,为观众呈现出无与伦比的观感。

追逐线为红色,距离测量线65厘米,这是赛道上理想的赛车线。

对于奥运会和世界锦标赛,赛道长度必须是 250 米,宽度必须始终一致。关于倾斜的高度没有固定的规定,但向直线过渡的地方必须是渐进的。

条条大路通罗马,一如参加围绕这 250 米椭圆形赛道进行的比赛——大多数既可以参加个人赛也可以参加团体赛。

冲刺赛是所有比赛中最基本的比赛。三圈过后最快的车手获胜……但又不只这么简单。比赛采取三局两胜制,因为 750 米是一个公平传统的距离,只是从一个定点开始冲刺,所以在这些比赛中会上演很多幕"猫和老鼠"的游戏。没有车手想太早领骑,所以他们会想方设法强迫对方带头。一般直到最后一圈,才会起速。对于团队赛,男子(3 名车手)骑 3 圈多,女子(2 名车手)骑 2 圈。参赛队并排在直道上出发,而且每位车手都必须领骑 1 圈。

计时赛是最基本的比赛,赛道上一次只有一名车手,谁用时最短谁获胜。比赛分 200 米(全力起速,通常只能作为长距离比赛的资格赛)、500 米(女子)和 1000 米(男子)。

赛场　137

追逐赛参加比赛的选手在两个直道相反方向位置出发，骑行固定的距离。如果一个选手超过了另一个，则比赛结束，但如果两个都没有被超过，则胜利者是先完成规定比赛距离的那个。反过来，不看比赛的名字，它实际上是一个冲刺赛，没有"猫和老鼠"这种战术。团队赛完全相同，只是四名车手参加比赛。

积分赛车手在比赛中集体出发，以选手骑行 40 公里的积分进行排名。在 250 米赛道上，每 10 圈就有一次冲刺。每个冲刺圈的胜者得 5 分，第二名得 3 分，第三名得 2 分和第四名得 1 分。超过主集团或被主集团超过也会相应的获得或失去积分。每次获得或扣除 20 分。要获得一圈，有一名选手必须离开小组并赶上主集团的后排。当有一名选手掉队并被主集团赶上时，他就算失掉一圈。

凯林赛是 5 到 7 名选手间的冲刺赛。选手们跟在摩托车领骑员后面，领骑员将骑行速度缓慢增至 50 公里/小时（31 英里/小时），达到该速度大概需要一公里，在剩余大约 600～700 米时离开轨道。选手们一个直线冲刺到终点。

麦迪逊赛中两支队伍在长达 50 公里的距离内角逐，目标是在途中冲刺时获得积分。积分的获得与积分赛相同。麦迪逊的主要区别在于，在任何时候其实每队只有一名车手在比赛，并且可以与对手交手，甚至可以通过给队友一个弹射推其向前。这场比赛的名称来自纽约著名的体育竞技场麦迪逊广场花园。

六日赛最初只是男选手的耐力测试，看谁在指定的时间内骑得最远。后来开始两人一队，这样一名选手骑行时，另一名选手可

右图：棒球传奇人物乔迪·马吉奥（Joe DiMaggio）在纽约麦迪逊广场花园为 1939 年的六日赛开赛发令。

下图：摩托车选手总是在领先！

以休息。比赛也可以包含计时赛，冲刺赛和淘汰赛。

捕捉赛是一场争夺赛，只是距离更长。男子赛程 15 公里，女子赛程 10 公里。

淘汰赛中任何选手被主集团落下都必须离开比赛。根据参赛者的人数，在设定的距离下淘汰，每两圈冲刺一次。每次冲刺时，最后一个超越终点线的选手将被淘汰出局。一直持续到只剩最后两名车手角逐最后的冲刺。它最初被称为"留到最后的魔鬼"。

Omnium 这个词来自拉丁语，意思是"全部"，因此全能赛包含了上面所有内容。这相当于田径中的七项全能或十项全能，需要进行两天。比赛包括：捕捉赛，追逐赛，淘汰赛，计时赛，单圈计时赛和积分赛。

单圈计时赛

这一圈，选手开始时就全力冲刺，而不是在某个特定的点。

赛场

科学与技术

平衡现象——走进爱因

你多久就会听到有人说一次"这就跟骑自行车一样"?你有没有想过这个陈词滥调到底是什么意思?一般来说,它的意思是有些东西一旦学会了,就永远不会忘记。就骑自行车而言,其实并非是学习新事物,而是将已知事物适应于新环境。

就像婴儿时期,我们学习如何站立、保持平衡、走路,仔细想想这些技能,如简单的走路,你会发现一切就是一个失去平衡再重新保持平衡的过程。每一步都是一条腿牵引向前,另一条腿控制着不向前倒,循环往复。虽然你从来不会感觉到自己在向前倒。

骑自行车是一个保持平衡的过程,至少基本骑行是这样的,只有能够保持平衡且满怀信心,才能进步。如果说步行是克服前进/后退失衡,那么骑行就是克服左右失衡——但我们可以通过很多相同的技巧来处理。对于骑自行车来说,得冒点险才能取得进步:因为不让自行车向前移动,就学不会如何在自行车上保持平衡。

不过在此之前,我们先了解一下到底什么是平衡。我们总认为保持平衡是理所当然的,很少去想,但其实很有必要花时间了解一下。当一个物体的重力线在支撑面内时,物体处于平衡状态。例如,金字塔,重力线从塔尖直线向下延伸到支撑面的中心。例如,人体,直立时,重力线从头顶延伸到两脚之间地面上的的一点;坐在自行车上时,重力

斯坦

线从车手头顶向下延伸到车轮间的一条线上。如果重力线偏离任何一边太远，就会不可避免的摔倒。

回到我们之前说的，你要把自行车向前移动才有机会保持平衡，所以还是有些风险（也可以固定自行车保持平衡，就是所谓的定杆，限于专业人士或自认为专业并想在红绿灯前炫耀的人）。为了保持平衡，我们必须接收并处理很多信息。信息的主要来源有两处：眼睛和耳朵。第一个显而易见：你可以通过观察周边环境来看自己的平衡状态，即相对其他物体保持端正。其次是耳朵，不是声音感知，而是叫做前庭系统的内耳深层结构。正是这部分结构内液体的流动帮助我们保持平衡。

前庭系统和视觉之间也有直接联系。如果在向前看的同时将头转向一侧，你会发现你的眼睛在继续向前看。你不是有意识这样做，这是前庭系统和眼睛之间的关联作用。当你上下查看时会发生同样的情况。当你上下转动头部时，同样如此。

如果闭上眼睛躺下，通过内耳结构，你就会知道你是水平的。其中也涉及经验和肌肉记忆。肌肉记忆是保持平衡的最后一个因素。为使身体保持直立，肌肉会源源不断地接收关于应变和压力的信息，并对此进行微小持续的调整。这一点上走路和骑自行车差不多。

骑车会更复杂一点，因为你和自行车不像金字塔一样是自然稳定的物体。自行车有两个轮子在一条直线上相互作用，想要平衡更难。想想三轮车——它是完全稳定的，不需外力就能保持平衡，但如果你把三轮车的两个后轮靠得越来越近，就会达到一个点，需要骑手来保持车的平衡。综上所述，重要的问题是骑手究竟怎样保持端正？纸上谈兵容易，实践中需要大量练习。平衡是通过轻微转动车把和改变身体姿势来实现的。

我们先说转向。如果自行车正向左倒，为了恢复平衡，就要向左骑。这才能使重心重新回到支撑面。正因为如此，第一次骑自行车时很难，因为你要往要摔倒的方向骑，而本能会使你骑向另一方。神奇的是，如果你只推不骑，它自己就这样了。

试一下，很神奇。调整身体位置稍微复杂一些，只在稍微失衡时有作用。通过调整身体位置，移动重心，如果运气好的话，自行车会跟着移动。两者结合才能在向前移动时保持端正。当然，除非你已经掌握定杆技巧。

左图：20世纪早期的特技自行车手轻松对抗地球引力。

空气动力学：缩短秒数

大多数车手的体能都消耗在推动自己和自行车向前上了。统计数据各有不同，但对抗空气阻力基本要车手 80% 的精力。风阻是车手最大的敌人，这就是为什么大家花那么多时间、精力和金钱去减少这个速度杀手的影响。它的学名叫空气阻力，因为怕称它为风阻会有人认为没有风时它就不存在了。需要注意的是，产生空气阻力的因素有很多，即使只是骑车通勤的人，也能通过简单的改变来减少阻力。当然，与克里斯·霍伊（Chris Hoy）竞争就完全是另一回事了。

有以下几点要牢记，迎风面越小，表明越平滑，空气阻力越小。所以斯诺克球比松果球受的风阻小得多。

配有平面车架和板式车轮自行车就比配有辐式车轮的自行车承受的空气阻力小。

车手的姿势

大多数骑自行车上班的人都使用标准的直立式自行车，坐得挺直。这是一个舒适的姿势，而且能看到前面的交通，基本上，没人会想要在朝九晚五的上班路上打破世界纪录。但问题是，这个姿势会产生一个巨大的迎风面——你的胸

前倾能使迎风面更光滑，耗费的体能更少。

保持低头，两臂摆成超人姿势，是最有效的骑行姿势。

穿紧身衣，可以抵抗空气阻力，减少拖拽力。刮到腿时，也对你有利。

即使是刮腿毛也能给你一个优势。

腔——产生了巨大的阻力。即便向前倾一点，阻力都会减少，越前倾阻力越小。记住这意味着不仅可以使速度更快，还会耗能更少。

标准自行车上最有效的姿势是像超人一样，当然你得有合适的车把，双臂前展，身体前倾，低头。以这样的姿势上班不太实际，但会让你大概了解正确的姿势应该是怎样的。还有一款卧式自行车，车手实际是躺着的，双脚伸到前面。它的迎风面更小，非常符合空气动力学。

集团效应

众所周知,大集团骑行在大型公路比赛中比单独骑行快得多,即使在日常的通勤中,也可以充分利用这一点。这就是所谓的拖拽或尾流,甚至就跟在一个骑车老手后面,都会给你一些清爽的空气来借助去骑行。甚至有人还发现,前面的车手可以从后面的推动中获益!

衣着

显然,所有职业车手都穿紧身衣,这在骑行时更有利。一般普通的通勤者,穿个合身的外套就行,相对宽松些,但阻力会高出10%。自行车车夹器既能防止裤子被卷进车链,还能通过减小在空气中的表面积来减少阻力。头盔的主要功能当然是保护车手安全,其实它也可以降低空气阻力。带着它骑到办公室有利无弊,因为它能控制头发,保证空气流过时提供一个光滑的表面。

行李

携带挂包或袋子必然会产生更多的空气阻力,因此确保行李轻便非常重要。现在许多人使用遮盖物,不仅能使物品保持干燥,而且在空气流过遮盖物时表面更光滑。

头发

如果有勇气,减掉过膝长发;如果不冷,穿上短裤,骑行时阻力至少减少5%。这也许不能符合每个人的审美,但它能让你到达目的地时感觉不那么累。胡子产生的阻力很大程度上取决于你的身体姿势,但它也会降低速度。

上图:在大集团正后方骑行,所有成员都能获益。

右图:目的是尽量缩小迎风面积。

自行车

自行车自身的许多元素会导致空气阻力。现代赛车架不使用圆管，就是因为它会产生空气阻力；所以主要使用平面框架。车轮通常是板式而不是辐式。即便辐式会产生风阻，但板式由于较重不会用于公路赛，因为骑行距离过长时，它的优势和多出的重量相比已经微不足道了。

最后要考虑的一点是，你骑行的速度也会对空气阻力产生很大的影响。无论你骑行或者移动，都是在空气分子中移动自身体积。当你慢慢移动时，实际上空气阻力非常小，只有当你开始加速并且速度较高，高于约10英里/小时（16公里/小时）时，空气阻力才开始起作用。实际中很难感觉到这种变化，但想象一下在游泳池里走步。速度低时，基本可以正常行走，但是当你试着在水中跑起来时，水一定会产生阻碍使你减速。你越快跑越艰难，骑自行车同样如此；你骑得越快，空气阻力越大。这不仅因为你与空气分子碰撞得更快，还因为你在更少时间内碰撞了更多的空气分子。

1 小时只有 3600 秒

人类的天性就是不断突破自己的极限。所以人类能登上月球，爬上朗玛，用取食签在五分钟内吃掉 271 颗烘豆。我们想把极限边界无限推动，骑自行车也不例外。一小时记录本是车手内部相互测试自己的方式，计时，在发展过程中贯穿始终。

事实上，第一个一小时记录是由伍尔弗汉普顿的杰米摩尔（James Moore）创造的，比车链和安全自行车传入的时间还早。地点是莫利纽酒店的自行车场，就是后来著名的伍尔弗汉普顿流浪者踢足球的地方，摩尔首先使它成为一个地标。1873 年，在赢得第一届从巴黎到鲁昂自行车赛四年后，摩尔骑着大小轮自行车，在 60 分钟内骑行 14 英里 880 码（23.33 公里）。

随着 1892 年国际自行车协会（ICA）成立，第一个官方批准的纪录是 1893 年，亨利·德斯格朗吉（Henri Desgrange）在巴黎布法罗自行车场骑出的 21.95 英里（35.33 公里）。当然，德斯格朗吉更为大众所熟知是作为第一届环法自行车赛的组织者。值得注意的是，到了 19 世纪末 20 世纪初，一小时记录已被打破，但 ICA 或后来的 UCI 从未将其纳入官方记录。这是因为记录都是职业选手创造的。时代变化多快啊！

直到第一次世界大战刚开始，瑞士车手奥斯卡·艾格（Oscar Egg）和法国车手马塞尔·贝提（Marcel Berthet）之间发生了一场激烈的记录战。两年间，两人多次交替打破纪录，直到 1914 年 8 月 18 日，艾格创下 27.49 英里（44.25 公里）的记录，这个记录保持了 19 年。

布拉德利·威金斯爵士（Bradley Wiggins）在 2015 年 6 月 7 日创下新的一小时记录（33.88 英里 /54.526 公里）。

荷兰人扬凡·豪特（Jan van Hout），1933 年拿过接力棒，将记录增加了 341 米。可惜的是，扬凡·豪特是德国集中营的受害者，1945 年在诺因加默集中营去世。仅一个月后法国车手莫里斯·查理德（Maurice Richard）就打破了荷兰人扬凡豪特的记录，这一次这个一小时记录在意大利保持了 30 年。不是因为比赛一直由意大利人举办，而是因为接下来的 10 个纪录都是在米兰的维格雷利自行车馆产生的。

1935 年场馆对外开放的那一年，体育馆就见证了第一个一小时纪录的诞生，也就是吉赛贝·欧默（Giuseppe Olmo）成为第一个突破 45 公里的选手。一年后，理查德重新成为纪录保持者，该体育馆开始享有世界最快体育馆的美誉。到 1965 年，体育馆举办披头士乐队的演唱会时候，它在纪录史上的地位已经无与伦比，1967 年雅克·安奎狄（Jacques Anquetil）打破的纪录由于拒绝参加药检而没被 UCI 批准。

1968 年，就在奥运会开幕之前，丹麦职业选手奥利·瑞特（Ole Ritter）在墨西哥创下 30.23 英里（48.65 公里）的新纪录。由于技术的突飞猛进，一小时赛即将进入模糊地带。1972 年又是在墨西哥，埃迪莫克斯挤掉瑞特，将记录增加了 778 米。这项记录保持了 12 年，也是从这时候开始，工具的快速发展使保守派感到恐慌，虽然莫克斯创下的纪录当时无人知晓，但划出了一条清楚的界限。

1984年1月，弗朗西斯科·莫泽（Francesco Moser）在距离赢得他唯一的大型公路赛冠军——环意赛之后才几个月的时间里，就转向了奥古斯丁梅尔加体育馆（Agustin Melgar）的混凝土赛道，这里曾经举办过1968年墨西哥奥运会的赛道自行车赛。1月19日，一身骑行服的莫泽，骑着版式车轮的自行车，打破了50公里障碍赛的记录——但事实证明，这只是小试牛刀，因为就在4天后他又突破了51公里的大关。将记录增加了1720米，是自19世纪末以来最大的飞跃，莫泽在这项运动中产生了巨大反响。但管理机构就像一艘油轮，需要很长时间才能转变。

在这艘"油轮"转变之前，在20世纪90年代早期，就有两名英国自行车手进一步推动了一小时赛。格雷姆·奥布里（Graeme Obree）和克里斯·博德曼（Chris Boardman）都是非常出色的车手，但都被迫将自行车推向了工程学的范围。奥布里骑着自制的自行车，博德曼凭着路特斯（Lotus）汽车的专业知识，他们通过创造新潮的自行车，进一步提高了莫泽的记录。当1996年9月两人结束个人之间的竞争时，博德曼已经将纪录提高到惊人的35.03英里（56.375公里）。

他们的自行车看起来与莫克斯的自行车截然不同，他们的骑行姿势，奥布里发明的超人姿势，也与比利时人的相去甚远。因此，在1997年，UCI将小时赛记录分离成两种，一是官方小时赛记录，另一个称为最佳人力记录（BHE）。UCI规定挑战一小时记录的选手使用的设备只能与莫克斯使用的设备相同。

因为制裁太多大家已经减少了对拳击的兴趣，同样的，这种分别计算记录的方式也大大降低了一小时赛的吸引力。保持记录的愿望还在，但是哪个记录呢？你可能击败了莫克斯，但仍然无法接近博德曼的最佳人力记录。新规定下，第一位击败莫克斯纪录的车手是克里斯博德曼。凭借的是他在2000年将记录增加了10米的赛绩。这是在莫克斯创下他的记录28年之后，可见这个比利时人的骑行能力有多强。

5年后，昂德里奇·索森卡（Ondrej Sosenka）给记录又增加了259米，实际上，他现在仍然是记录的保持者，因为2014年UCI又改变了规定并重新统一了一小时赛！新规定有些奇怪，他们取消了最佳人力记录，恢复了奥布里和博德曼以前非法骑行创下的记录，但把索森卡的骑行距离作为新的一小时赛纪录，尽管它少于两位英国人的记录。虽然这一规则变化让许多人摸不着头脑，但它重新引起了人们对这一赛事的兴趣。它再次变得简单，一个目标去击败，一个小时去完成。

在规则改变后的不长时间，该记录被刷新了5次。首先是德国人延斯·福格特（Jens Voigt），2014年9月他在最后一次参赛中将记录增加了1400米。马蒂亚斯·布伦德勒（Matthias Brändle）在一个月后再次突破，但只保持了四个月，澳大利亚人罗翰·丹尼斯（Rohan Dennis）达到了32.62英里（52.49公里）。2015年

左图：它是一只鸟吗？它是一架飞机吗？不，这是1996年，在曼彻斯特自行车馆，克里斯·博德曼（Chris Boardman）的"不合法"的超人姿势，借此打破了一小时赛纪录。

5月2日亚力克斯·多塞特（Alex Dowsett）以32.9英里（52.937公里）替英国人拿回了这一纪录，但他的荣耀也是昙花一现。

当布拉德利·威金斯（Bradley Wiggins）爵士宣布他将向此项纪录发起冲击时，没人对此表示怀疑。他的职业生涯从未以失败告终，他也是史上最佳的计时赛车手之一。但没人预料到他会为把多塞特的纪录增加如此大的距离。2015年6月7日，威金斯在以举办过2012年伦敦奥运会主办自行车赛事而闻名的利谷体育馆（Lee Valley Velodrome），用时3600秒。在那段时间里，他绕着250米长的赛道，骑行了218次之多，创下了33.88英里（54.526公里）的新纪录。他超过多塞特的记录1.5公里。这个惊人的成绩确保一小时记录回到了属于它的地方，并且意味着任何试图打破这一记录的人都将真正渡过最艰难的骑行生涯。

1小时只有3600秒　　151

健身不只跟自行车有关

如果只跟自行车有关，给我们一辆好自行车，我们就能赢环法赛了。F1方程式赛车的广为诟病的一点就是谁的车贵谁赢，把前20名车手任意一名放进去都能赢。然而，骑自行车不同，所以出发前的检查很重要。

对于那些在周末骑车出游或骑车上班的人来说，基本不需要做什么，单车生活已经很美好。因为这些人的主要目的不是突破自己的界限。只是不想去工作时太累，只是想享受骑行。确保吃一顿清淡的早餐。在不吃早餐的情况下做任何运动都后患无穷。即使慢慢骑自行车，你燃烧的卡路里也比开车或乘公车多，如果你没有消耗掉这些卡路里，你很快就会感到疲倦。谷物和水果都是很好的选择，咖啡也不错。你只需要加油。

你会发现，定期骑自行车，如工作通勤，本身就可以提高健康水平。不拼命，只用旅行强迫自己也是个好主意。在辛苦的工作一天后，每个人都想尽快回家，那么为什么不缩短回家的时间呢？当然，安全是要保证的，但只要使自己更努力一点，逐渐变强，你就会发现通勤的早晨速度更快了。

左图：即使在20世纪30年代，手牌自行车（Rudge Whitworth）一心提倡大家骑车去上班，还能变得更健康。

右图：补水的重要性。画面里是，菲奥伦佐·马格尼（Fiorenzo Magni）在1950年的环法赛上，将补水发挥到极致。

显然，用自行车健身的最佳方法之一就是骑自行车！它能用到所有必需的肌肉，并用相似的反映测试你的能力，但利用自行车提高骑行健身训练时，你需要一些方法。如果你计划参加比赛，或只是想骑快一点，给自己施压很管用，但要巧妙的进行。骑行时，腿部是身体最重要的部分，站立骑行能简单快速的增强腿部的力量和耐力。第一次站立骑行时，你会惊讶地发现很快就精疲力尽了，但肌肉只有在疲劳时才会增长。别发狂，只是在开始的骑行过程中，在久坐和短站之间交替进行。开始时只在每分钟前5秒站骑，慢慢的，几周后，增加到站骑20秒钟坐骑40秒。这个练习的好处在于它还能增加你的核心力量，感觉到胃部肌肉的紧绷，提高对自行车的总体控制力。

图为在1966年，环意赛，维多李奥·亚多尼（Vittorio Adorni），罗贝托·莫塔（Gianni Motta）和雅克·安奎狄（Jacques Anquetil）用意大利面补充碳水化合物。

专业人员常常采用这种间歇训练，另一种类似的是山地骑行。当然这要取决于你住在哪里，但可以先找一个平缓的坡度开始练习，坡度 0.4 的就可以。上坡时选择一个自己不那么得心应手的挡位。再次重申，只有挑战极限时，身体素质才能提高，但不宜太过。一点一点来是最好的方法。上坡骑，下坡休息。如果上坡是觉得太轻松可以加一个挡位，但只是有点费劲就可以了。下一次再爬这个山坡时，你可能会发现上次费劲的挡位这次已得心应手。你可以把两个练习结合起来。上坡时，一旦挡位处于你的舒适区了，不加挡而是在这个挡位上，但站立骑行。

没必要完全结构化的完成上述练习。您可以将它们应用到日常骑行路线中。知道山坡的位置，休息的地方后，只需提前计划好，就可以把日常骑行或通勤骑行变为训练课程。如果你是在上班的路上这样做，建议你换一件衣服！

在路上进行骑车训练时，还有个问题是，训练会因为像交通灯这类的外部因素而间断，因此可以时不时使用健身自行车进行免打扰练习。健身房里的自行车不会遇到现实中的风阻，但可以让你不受在路上骑行时的随意侵扰，对训练做出调整。与所有练习一样，设定目标是一个好主意，最好它们可以实现但不容易实现。之前说的训练可以在大多数器械上都重复一遍，根据器械提供的统计数据，可以很直观地比较这段时间你的表现，确保你正在进步。

如果身在健身房，请无论如何看看其他器械并想想骑行时用到的肌肉以及这些器械能怎么帮助到你。很多是显而易见的，但人们往往会忘记手臂。手臂可以根据你的骑行姿势承受很大的负担和冲击力，所以确保手臂的强壮和灵活是至关重要的。

与大多数运动一样，骑行中身体最重要的部分在双耳之间。在路上骑车有时很危险，你需要随时集中精力缓和危险。这意味着当你过度疲劳、分心或紧张时，尽量不要骑车。还可以用大脑来指挥自行车，确保你的装备是正在使用的，身体利用率是有效的，骑行姿势是正确的。

最后要考虑的是，不时偶尔让自行车休息一下也是件好事。可能是一个下雨天，或者无暇骑自行车的一天，总之是需要把自行车放在一边的一天。乘坐公共汽车或火车也不错，众所周知，肌肉的增长也需要休息，所以可以把休息日也看成健身的一部分，而不是逃避运动。

图为发生在 1979 年的环法赛中一起事件，说明即使是专业人员有时也会摔倒。

勇敢向前冲！安全地摔倒

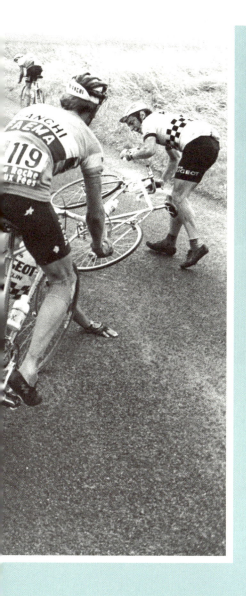

所有骑过自行车的人都遇到过这样的时刻，一切都乱了，自己坐在地上而不是车鞍上。从安奎蒂（Anquetil）到佐特麦尔克（Zoetemelk），每个人都曾摔倒在又硬又凉的马路上——但结果不是都得去医院治疗。虽然所有的摔倒都有潜在的危险，但你可以做一些准备去减少重伤的可能性。

显然，应该记住一点，避免摔伤或坠落的最佳方法首先是避免事故。很多时候摔倒是不可避免的，但遗憾的是有些是车手自己造成的。道路愈加拥挤，越来越多的汽车，卡车，公车和自行车，所以提前想好十分重要。如果你能预见到危险，你就有很大的机会避开它。有些基本的注意事项，避免在固有的交通内竞赛，躲开接近交叉口的车辆（找到它们之间的间隙是最安全的），少开远光灯，远离人行横道附近的人。

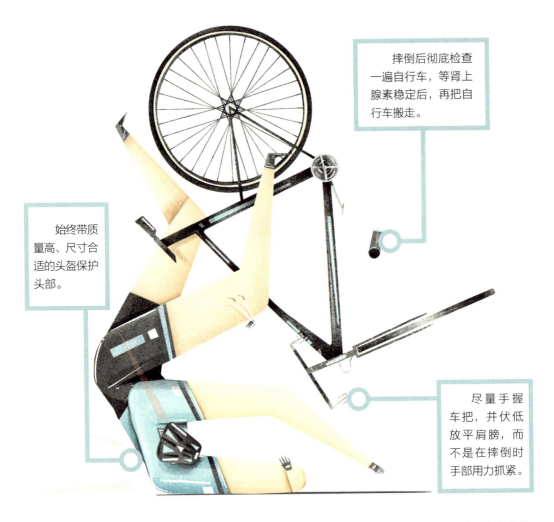

摔倒后彻底检查一遍自行车，等肾上腺素稳定后，再把自行车搬走。

始终带质量高、尺寸合适的头盔保护头部。

尽量手握车把，并伏低放平肩膀，而不是在摔倒时手部用力抓紧。

上图：摔倒时如何将降低受伤风险。

无论你自行车骑得多好，怎样提前计划，如何避开拥挤的路线，你都有摔倒的可能。现在要做的第一件事就是买一个质量好、尺寸合适的头盔。关于头盔有人质疑说，汽车司机在面对没戴头盔的骑手时会更小心。反对说法是，大多数汽车司机不会充分注意骑手穿着什么，所以还是买个头盔吧。

有意思的是，事故速度越快，受伤程度反而越小。因为事故发生较快时，你没有时间将手臂伸出来去阻止自己摔倒，所以摔到路面上时手仍在握住车把。这意味着你意外地处于一个避免受伤的有利位置。大多数专家认为，通过保持蜷曲状，您将避免主要的撞击。

摔倒时最常见的受伤部位是锁骨、手和手腕骨折。即使是职业车手，在摔倒时也会伸出手，这是一种自然反应。即便我们从小就练习，有时还是会被本能影响。

　　问题是，从自行车上掉下时，如果你伸出手臂阻挡自己摔倒，最有可能导致撞到一侧肢体。当你的手碰触地面时，摔倒的力全部压在手和手臂上，如果你的手或手腕没撞坏，就极有可能锁骨骨折，也就是力量最后冲击到的地方，而且力量需要积攒到一个地方。所以进入球形状，肘部和膝盖夹入向下是避免严重骨折的最佳方法。

　　球形方法的问题在于感觉不自然。自然的动作是放开自行车，伸出你的手。那么如果你发现受本能驱使时，应该怎么做？最重要的是通过弯曲向外伸出的手臂来缓解冲击。如果被锁直，某个部位肯定会受到撞击，但是如果你撞击时稍微弯曲，并通过让手臂弯曲来帮助身体滚动，可以消除一些压力。

　　如果你能够握住把手，就能自然地阻止手部外伸，并且低下头部，整个肩部会变成圆形，这意味着摔倒时，更有可能整个肩部着地。这是一个比手部、肘部或肩部更大的区域，区域越大影响越小。它可能看起来很残酷，但通常沿着公路打滑会导致出血量多一些，但是长期型损伤会更少。如果你沿着地面滑行，意味着你不会撞上路面。

　　另一件要考虑的事情是你的着陆点。倒入草地边缘比倒在路上的痛苦要小得多，而离其他来往交通也更远。再次，这与准备工作一样要有预警。提前知道下一个事故的发生地点是不可能的，但是仔细思考一下还是有用的。你的路线中哪里是问题多的地点？是否有更安全的路线，或者您是否需要确保在某些时候更加专注？最短的路线并不总是最快也不是最安全的。

　　不止是从自行车上，每当我们跌倒时，我们的本能就是跳起背部挺直。很显然，如果你摔在路中间，需要避开交通，但一旦进入安全地带，花些时间来检查一下伤势。如果您的头部受到撞击，无论轻重，去Ａ＆Ｅ或致电救护车。如果你确定你的头部没有受到撞击，那么检查其他。是不是所有的关节都能够无痛移动，有没有割伤或擦伤？还有必要检查一下衣服里面，因为有时，由于肾上腺素的缘故，你可能感觉不到疼痛，但可能会有血没有透过衣服，但需要治疗的伤口。如果你觉得可以继续骑，就先检查一下自行车。所有平常的部件——刹车、车轮、链条、车灯等。即使一切都没问题，但如果可以的话，锁住自行车，乘坐其他公共交通工具，或者只是推车和步行回去是更好的选择。有时，直到你的肌肉"冷静"下来，撞车的后遗症才会显现出来。

　　如前所述，最好的办法是永远不要从自行车上掉下，但不幸的是，生活并不那么简单。你所能做的就是做好准备，保持警觉并尽量保持安全。

回收与改革

车轮的重塑——折叠自行车

有史以来《飞天万能车》一直是最受欢迎的电影之一，是一个古怪的发明家，单身父亲 Caractacus Potts 把已经报销的汽车重新复活的故事。通过汽车，他的孩子找到了幸福，Potts（由 Dick Van Dyke 扮演）也收获了妻子 Truly Scrumptious（由 Sally Ann Howes 扮演）。

但这部电影的部分喜剧效果来自电影中让 Potts 家一片狼藉的发明，这些发明由英国的艺术家和漫画家，罗兰德·埃米特（Rowland Emett）创作。有一台早餐机，一个便携式自动理发店和一个小龙地毯吸尘器——它既吞地毯又食灰尘。埃米特发明的特别之处在于它们都是日常用品——拂尘、灯罩和羽毛球拍。但他的整个美学的核心是自行车：车轮和链条提供支撑力；香肠粘在轮辋上；也许是他最伟大的发明——"费瑟斯通风筝网状镂空MK2 飞行器"中——一位爱德华时代的绅士只用自行车零件和一把雨伞起飞。

自行车一直深受发明家的喜爱。有什么比重塑一个有史以来最好的发明更能证明自己的创造力呢？在过去的一个世纪中，自行车因此被不断调整、扭弯、改造、定制和升级。

人们一直关注怎么使自行车

左图：萨尔瓦多·达利（Salvador Dali）1967 年为格拉茨耶拉的展览运送一幅油画。请注意他的翘八字胡。

占用的空间比平时少。正如我们所知道的，19 世纪，一系列专利声称发明了第一批折叠自行车，但其实第一批功能型折叠自行车是在二战中设计的伞降型自行车。但是，由于战后汽车的统治地位，自行车更多作为休闲工具而不是交通工具，所以对易携带的自行车的需要日益迫切。

1964 年迷人的意大利 Graziella 自行车问世，优雅的流线型底管/后架，锁住温暖欢乐的时光。这是一辆适合在戛纳海滨亮相的自行车，或者绑在游艇的后面。凭借其小巧的车轮和欢快的色彩，它将骑行带回孩童年代。碧姬·芭铎（Brigitte Bardot）曾在一则广告中驾驶这款自行车。萨尔瓦多·达利（Salvador Dali）拥有一辆。

其他制造商也纷纷效仿。罗利生产了一款折叠版的 Raleigh Twenty Shopper，车轮只有 20 英寸，名为 Stowaway，曾在 1971 年至 1984 年期间出售。为了增强主管的倾斜角度，导致自行车无法对折。Sturmey Archer 三速轮毂和钢挡泥板非常重，在拥挤的地铁上扛着这款自行车是十分冒险的。1971 年 Bickerton 通过生产小于 10kg 的铝制自行车解决了这一重量问题。它的广告词是"打包一台 Bickerton"，因为它小巧轻便，可以装在包里。自行车的铝制部分没有上漆体现了太空时代的审美。但把这个自行车折叠起来需要一段时间，车把上有四个旋钮，一个位于座杆上，一个位于主管上。人们打趣说，当你折上它时，巴士都错过了。但它还是有很多拥护者。一

左图：罗兰德·埃米特（Rowland Emett），以漫画和古怪的机械发明闻名于世，图为 1970 年 6 月他在巴特西公园骑着他的最新发明露娜自行车。

车轮的重塑——折叠自行车

位56岁的英国祖母克里斯汀·米勒（Christian Miller）曾骑着Bickerton穿越了美国，并出版了一本旅行手册，证明了长途旅行中折叠自行车的实用性。

Strida于1987年提出了另一种解决方案。由皇家艺术学院的硕士马克·桑德（Mark Sander）在项目中提出的，Strida实际上是一个三角形框架铰接在顶端，轮子安在底角，车把安在顶点，骑手坐在稍微偏向一边的位置。

轻便且不需要保养的皮带传动装置为后轮提供动力。此外，轮子只安装在一侧，可以在不拆下轮子的情况下进行修补。在某些方面，它的外观有些像大小轮自行车，更像一个"正常"的折叠款，有些骑手很难习惯这种骑行姿势。折叠后看起来更像是一

上图：1965年，早期的罗利折叠自行车被塞进汽车的后备箱里。车轮可以被取下来当做耳环。

右图：2010年，城市的工人在工作之余参加勒芒赛。

辆婴儿车而不是一辆自行车。

因此，由剑桥工程学院毕业生安德鲁里奇（Andrew Ritchie）设计的小布（Brompton）折叠自行车最终在城市中占据主导地位。其巧妙的设计使其在全球范围内取得了成功。在日本，给自行车定制专属钛铰链夹和皮革挡泥板成为一种时尚。一个南极科学家就想要一辆小布穿越南极。

不像其他流行的折叠自行车，小布坚决使用16英寸的轮子，而不是20英寸的。车架折叠两次：后轮在链轮下方翻转，然后折叠主管，前轮带回中心。非常巧妙地将链轮置于两个折叠的轮子之间，所以你的裤子上不会蹭上油。这与Featherstone Kite不尽相同，但Caractacus Potts受此影响。

固定齿轮　轮辐回顾

　　自行车最吸引人的地方在于，尽管经过了一百多年的创新——充气轮胎，空气动力学和碳纤维——自行车仍然是一件非常简单的事情。21世纪重归基础自行车时尚最能说明问题。20世纪80年代和90年代见证了山地自行车的发展以及齿轮的指数型增长（一些赛车手的齿轮数高达30个），但近年来已经重归第一批安全自行车的基础款了，即单速后轮和最少零件，让骑行更简单，更原始。

　　固定齿轮自行车（Fixies）或单速自行车显然不是新产品，却多年来一直深受车手的追捧。场地自行车通常只配一个固定的齿轮，无闸。这些优势显然与车重有关。固定齿轮自行车不要求齿轮、导线、把手、防震垫圈等其他变速车需要的零件。单速自行车还被应用到骑行球（发挥你的想象，自行车上的足球），自行车马球或"花式单车"中，骑车通过自行车可以进行运动和体操表演。在这种情况下，定轮自行车的优点是车手可以倒退骑。

　　现代一些单速自行车有闸（允许在脚蹬不动的情况下滑行）。但是"纯粹"的固定齿轮自行车不允许这样的事情发生，对车手的要求很苛刻。他们明显的挑战是安全性和刹车。一个人通过慢踩脚蹬或在紧急情况下重心前移并双腿不动使后轮打滑（最好不要在警察面前这样做，因为完全放弃卡钳是违反相关法律的，法律要求两个轮子上都得有制动机制）。

单速自行车的优点是同时兼具美观性与运动性。看起来很美。没有齿轮，挡泥板和把手，将骑行融入本质，还有几何形状的闪耀车架。此前固定齿轮自行车因此召回一批旧赛车——标致系列，福尔肯·埃迪·莫克斯（Falcon Eddy Merckxs）曾驾驶过这辆车——或者如果你幸运的话，还能看见像皮纳瑞罗（Pinarello）或欧默（Olmo）这样的经典意大利品牌自行车。除了方便的外形，其极具美感的设计也是一大亮点。经典意大利公路赛车车架现在在线销售价为数千英镑。

固定齿轮自行车赛也有许多优点。他们迫使你在运动时保持一定的强度。骑变速自行车上山时，你可以选择通过减挡来保持合适的蹬踏节奏。但在固定齿轮的自行车上，你必须以一定的速度和动力保持蹬踏速度。否则，你会慢慢停下来。骑固定的轮毂下坡也要骑行——就像骑健身房的动感单车一样——也是既能健身又会增加柔韧度。再次重申在平地上：起步需要有一定的肌

图为：固定齿轮自行车（Fixie）的美丽之处在于它的简单，并且由于某种原因，恰恰是这一点使得它们更昂贵！

肉。如果你想拍一张骑行时优雅有活力的照片，不放下双脚稳稳的在交通灯下站立骑行再好不过了——在固定齿轮的自行车上更容易。

对于这个，可以增加固定骑行的机械原理来解释。链条始终处于前后齿轮之间的直线上，因此传动力总是最佳的。无需通过拨链器，摩擦力就会降到最低。在维修方面，固定轮式自行车与30挡赛车相反，只需调整前钳式制动器，给轮胎上施加更多的压力。除此之外，只要给自行车抛光、骑行就行了，没有其他需要做的。

可以说骑自行车的人固执己见。许多骑自行车的人将自己视为社区的一部分，松散运动，期初还反对汽车，但开车也是现代生活的消费主张。固定轮式摩托车是一种说"少即

下图：有一个时髦的霍克斯顿胡须去与你的固定齿轮自行车相搭配不是强制性的，但它是可取的。

右图：固定齿轮自行车的拥有者，这么说或许不合适，但他们一直以想让每个人都知道自己有固定装置而著称。因此可以选择显示器支架。

是多"的方式。他们坚持认为单车的价值不仅仅在于运输方面，而是在安全自行车车架的简单设计中重新发现简单的东西：健身、效率和美学。他们是他们自己的时间机器：否认 20 世纪的进步，并回归到 19 世纪晚期的宁静日子。某种意义上的齿轮代表了对自行车的背叛，这种感觉不知道怎么说还不够好，并为汽车铺平了道路。固定的齿轮脚踏车声明足够好。作为法国车手和作家，亨利·德斯格朗热（Henri Desgrange）在 1902 年说："我仍然觉得可变齿轮只适用于 45 岁以上的人。凭借肌肉的力量胜过脱缰绳的技巧不是更好吗？我们越来越软弱……至于我，给我一个固定的装备！"

标志性自行车——哈雷自行车

当它在20世纪70年代初横空出世席卷全国各地的游乐场时,哈雷看起来像来自另一个星球的东西。它的香蕉座椅,高把手和福特卡普里(Ford Capri)风格的中央换挡装置,看起来就像一个忧郁的卷毛青少年的骑车梦。乘太空飞船路过的少年都会停下来注视它。

但实际上哈雷是一款高度衍生并非常成功自行车。它的前身是1963年推出的美国施文鳐牌(Schwinn Sting-ray)自行车,其设计灵感来自深受《地狱天使》喜爱的杆式定制"哈雷"。

为了复制施文的成功,罗利派出了一位设计师艾伦·奥克利(Alan Oakley)前往美国进行考察访问。据说他在飞回的途中,在信封背面勾画了哈雷的原设计。鳐牌延续了原施文巡洋舰的曲线,而哈雷则给出了一种更具角度的20世纪70年代的设计。大小轮安装在三角形框架上。方形的改装式后轮胎。豪华香蕉软垫座椅以及弯曲得离谱的车把。主管上字母大大地拼写出"Chopper",好像关于这是一款什么样的自行车毫无疑问。

这款自行车很受孩子们欢迎。但大人对此并不感冒。不久之后,关于哈雷的一系列恐怖故事开始吓倒中世纪的英格兰。皮质座椅上的警告"这辆自行车不是为了搬运乘客而建造的"被某些人当作灵感,随后操场被堆满。如果坐在座位上太靠后,前轮可能会抬离地面——对孩子来说很有趣,但这是对自行车安全维护者来说是奇耻大辱。下坡时,这款20世纪70年代

的自行车会让小前轮产生的速度晃动更严重。齿轮旋钮可能被拧松，在事故中留下潜在的凸起造成痛。

1972 年推出的哈雷马克二号（Chopper Mark Ⅱ），针对安全问题做出了一系列调整。座椅向前移动可以阻止前轮抬起。把手向前倾斜并接到头管上，以防止孩子向后倾斜，无法操纵自行车。结果是成了一种向前倾斜的哈雷，一个你推我拉的自行车世界。

但拥有哈雷的孩子仍是街区最酷的孩子。它拯救了一直在挣扎的罗利公司。到 20 世纪 70 年代末，销售了 150 多万台。据说有些有听力障碍的父母在孩子要"Chopper"作为圣诞礼物后，给他买了一个 shopper（购物袋）。

其他标志性自行车

1892 年的'Omafiets'或祖母自行车

优雅，庄严，自由，现在被各地赶时髦的人所接受。它的坐立位置完美保障了前方的视野。

1981 年专门设计的闪电自行车

基于汤姆·里奇（Tom Ritchey）的设计，第一款大规模生产的山地车。最新报价可能已经要 750 美元，但是有现货（如果它没有卖完的话）。

阿凡达 2000 1980

最有名气和影响力的卧式自行车。由生于英国的麻省理工学院教授大卫·戈登·威尔逊（David Gordon Wilson）设计。

莲花 108 1992

这款无所不能的碳纤维计时自行车是莲花为克里斯·博德曼（Chris Boardman）打造的，他在 1992 年驾驶它在巴塞罗那奥运会 4000 米的比赛中获胜。由迈克·布鲁斯（Mike Burrows）设计，采用碳纤维复合硬壳框架，具有先进的翼形横截面。

科威拉 E.T. 越野自行车 1982

导演史蒂文·斯皮尔伯格（Steven Spielberg）向这家日本制造商订购了 40 辆越野自行车在电影《E.T》中出演。电影出来后，科威拉开始以他们独特的红色和白色号衣批量生产 E.T. 同款自行车。

标志性自行车——哈雷自行车

超越无限浮动,飞行和未来自行车

作为一项发明,自行车似乎完全符合人类的身体结构。可弯曲的大拇指让我们能够握住把手并驾驶自行车。处于我们身体上方的头部让我们可以有很好的视野观察道路。而直立的体态(直立行走)需要强壮的腿部肌肉以及平衡,同样也非常适合骑车的需求。因此,我们骑行可以比跑起来更长、更快、更远。

但是纵观整个自行车的历史,人们不禁问道:我们需要在那里停下来吗?齿轮使我们的骑行能力提高到前所未有的距离和速度[速度记录,具有防风功能的汽车速度惊人,达 167 英里(268 公里)每小时]。但是,自行车的成就难道就是在陆地上骑行吗?

因此,一些思想家试图利用脚蹬的力量来实现更宏伟的目标。几个世纪以来,

乘船出行比陆地出行更快，发明家和思想家常常试图利用水上脚蹬的力量。1895年，《科学美国人》杂志乐观地问道，不应该存在这样一种机器吗"应该有这样一种机器，机器与水的关系，就像自行车与陆地的关系一样"。

最早的尝试是使用悬浮凌纹轮胎提供浮力和动力，如Pinkert Navigating Tricycle就是在1894年首次试行的。

1883年，一位名字类似费里（Ferry）的先生乘坐另一款水上三轮车从多佛横渡到加莱，车的重量几乎完全使自身淹没。在面临风浪时，需要拼命使劲儿才能驶出这二十余英里。这是一个惊人的成就，但车本身更类似于潜水艇而不是水上自行车，因此可能容易生锈。

浮动自行车最新的版本是有效地将一辆自行车连接到两艘皮划艇上成为一艘双体船，由链条传动改为螺旋桨。新西兰制造的奥科威特（Akwakat）可以用螺栓将你自己的自行车锁在两个充气的浮筒上。链条从前链轮向下连到后部制动螺旋桨的联轴器上。前叉安装在从前面转向的方向舵上。使用自己的自行车优点是可以用你喜爱的鞍座，车把和手柄。你甚至可以保持你的前台悬挂，因为它是值得的。

上图：敦刻尔克甜甜圈——来自德国汉堡的格奥尔格·平科特（Georg Pinkert），正骑着他的"航海脚踏车"也叫导航三轮车，可以在陆地和海上骑行。

左图：1923年4月：法国发明家阿洛伊斯·圣（Alois Santa）与他新艺术风格的飞行自行车。

要通过踏板的力量行驶更远的距离需要通过更复杂更安全的方式：一种能够应对强风和巨浪的船只。但踏板动力的船只——荣耀脚踏船——有这种能力。英国探险家杰森·刘易斯（Jason Lewis）是第一个用踏板动力船横渡大西洋和太平洋的人，分别在1995年和2000年。这是他依靠人力（即没有用电机或船帆）环球航行的一部分，全部航行距离达46 000英里（74 030公里）。

人类最伟大的野心之一就是飞行，而更大的雄心壮志是在空中骑行——就像那幕电影《ET》中最著名的场景，骑着越野自行车的男孩和前架中的外星人一起飞向天空。早期的人力飞机（HPA）试图模仿鸟类用手臂作为扇动的双翼来飞行——所谓的扑翼飞机，扑翼飞行机器，例如由列奥纳多·达·芬奇（Leonardo Da Vinci）设计的飞行器。他们都不可避免地失败了，因为手臂没强壮到提供足够的升力。但是通过使用腿部的肌肉——臀大肌和四头肌——未来的旋风机将有更大的机会出现。

1923年，格哈特（Gerhardt）自行车飞机是一个早期的尝试，机身上方有7个机翼，机翼彼此的顶端连在轻质的机身上。飞行员的通过脚蹬驾驶双叶螺旋桨。被汽车在后面拖曳着，它实现了一些短途的飞行，但很难自行起飞。最出名的是一些新闻镜头显示它在坠毁前短暂的离开地面，它的一堆翅膀像纸牌屋一样坍塌了。

左图："打电话回家"——电影《E.T.》的剧照（1982）。
右图：1979年6月12日，"游丝信天翁号"在英吉利海峡上空。

　　直到1961年11月才首次实现成功起飞的自行车，赛桑普顿大学人力飞行机（SUMPAC号）在汉普郡拉沙姆机场上空试飞成功，飞行距离594米，飞行高度15英尺。机身由轻木和铝制尼龙皮制成，重60公斤，翼展24米（80英尺）。

　　但是，克莱默奖50 000英镑奖金的第一个获得者——完成8字航线的飞行过程——也许是现代最著名的人力飞行机：飘忽秃鹰。这是保罗·麦克格雷迪（Paul MacCready）的创意，受到滑翔机设计的启发。它的翼展30米（96英尺），重量只有30多公斤，仅为普通自行车的两倍。两年后，重新设计的飞机——"游丝信天翁号"——在2小时49分钟内成功飞越英吉利海峡。

　　随着碳纤维等轻质材料的流行和是钢铁强度207倍的石墨烯等新发现的材料得到了更广泛的应用，谁知道飞行自行车的下一个挑战是什么？

　　2013年，优雅命名为阿特拉斯（AeroVelo Atlas）的人力直升机赢得了AHS西科斯基奖的25 000美元奖金：这是一架可以在3米高的地方悬停一分多钟的人力直升机。这是每个孩子的梦想——自行车和直升机的结合，E.T.神奇的越野自行车变成了现实。但是，你需要一个大型车库来保存它：它有四个33英尺的转子，整体机身达47米——比大多数商用飞机都大。

自行车何时不再是自行车? 蒸汽, 汽油和电力

自行车何时不是自行车? 当它成为摩托车时。或者是这样吗? 本世纪的很多时候, 自行车和摩托车之间的界限乍一看已经模糊不清了。摩托车是从自行车演化而来, 很多年里, 摩托车都和自行车有很多共同之处——车架设计、车轮大小、车把以及车鞍。通常发动机简单用螺栓固定, 踏板放在完全相同的位置。从这个意义上讲, 最早的摩托车其实就是电动的自行车。

事实上, 第一辆带引擎的自行车在自行车本身发明不久后就出现了。就是 1868 年法国的米修 - 百乐蒸汽脚踏车 (Michaux-Perreaux) ——紧接着是 1869 年的美国版, 罗珀蒸汽脚踏车 (Roper Steam Velocipide, 尽管到底是哪一个先出现的有一些争论)。它不用计算仪表, 取而代之的是蒸汽压力计。将高压蒸汽引擎与骑行结合起来是否是个好主意还有待探讨。当然, 你可能想穿比骑行短裤更结实一点的衣服。

蒸汽引擎是一种外燃机: 将外部产生的热能应用到一个装满水的汽缸中以产生蒸汽。由于高压, 它们体积庞大, 危险性高。相反, 内燃机通过空气燃料混合, 在汽缸内部燃烧。它们更轻、更高效, 更适合较小的应用程序。因此, 随着 19 世纪 80 年代内燃机的发明打开了通往第一辆摩托车的大门, 1885 年戴姆勒和迈巴赫发明了骑行汽车 (Reitwagen)。它的初次外出是沿着内克尔河岸, 时速高达 7 英里每小时。

摩托车变得越来越强劲。1901 年曾经的步枪和自行车制造商, 皇家恩菲尔德 (Royal Enfield), 介绍了一款摩托车 150 排量发动机。其他制造商纷纷效仿, 英国的凯旋 (Triumph), 印度的 BSA, 以及美国的哈雷戴维森 (Harley Davidson)。第一次世界大战为生产增加了推动力。凯旋 H 号 (Triumph Model H) 就成就于战争, 特点是只一个 500 排量的单缸发动机, 皮带传动, 而且重要的是, 没有踏板。

可以说，就在这时，摩托车真正的诞生了，在某种意义上讲，它和不起眼的自行车分道扬镳了。这些不再是助力自行车，而是摩托车，一个完全不同的概念，它的速度可以超越任何疯狂的蹬车所能达到的速度。从 20 世纪 20 年代开始，布拉夫卓越（Brough Superior）的时速就超过了每小时 100 英里。到 20 世纪 30 年代，英国有 80 多家摩托车制造商声称可以达到。

尽管如此，许多工程师和发明家仍然忠实于自行车的最初设想，并继续将发动机安装在自行车上。部分成本是需要考虑的——一辆助力自行车只需要一个普通的发动机，有时小到 25 排量。然而，也感觉是在试图保持自行车节约和低调的一面，就是可以用引擎在上山时提供助力，但是在下山和平坦的地方，用双腿蹬就可以。

这些令人好奇的混合动力车中最著名的可能是 1946 年到 1988 年间法国维络索利克斯（VeloSolex），在全世界范围内售出了 800 万辆。与摩托车不同，维络索利克斯在前轮上有一个 49 排量的引擎。使用 1.25 升汽油罐，它能以每小时 20 英里（35 公里）的速度推动你前进 100 公里。不用离合器，你只需拉一下操纵杆，把发动机拉到前轮上，它仅是通过摩擦驱动的。维络索利克斯成了法国道路上的标志性形象。1958 年，在 Jaques Tati 的电影《我的舅舅》中扮演主要角色。广告上显示，在太阳上，甜美的年轻女子们在山上骑着维络索利克斯，超越了汗流浃背的赛车手。

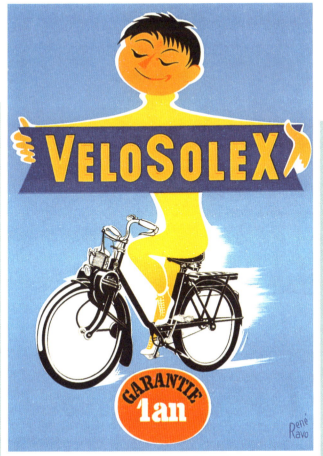

图为：维络索利克斯（VeloSolex）式微笑：1950 年勒内·瑞孚（René Ravo）为维络索利克斯制作的广告，保修一年！

自行车何时不再是自行车？蒸汽，汽油和电力　177

但最适合自行车（而非腿）的动力类型可能是电力：就像自行车本身一样，干净、安静，不可思议。

早在 1885 年，奥格登·博尔顿（Ogden Bolton）就取得了一辆拥有 10 伏轮毂引擎的电动自行车的专利——具备大多数现代电动自行车的标准外观。不久，其他设计也随之而来，比如亨伯电动串联自行车（Humber Electric Tandem），曾在 1897 年 11 月在史丹利（Stanley）自行车展上展出。

有人可能会问，考虑到技术的可行性，为什么电动自行车没能蓬勃发展？有两个答案：第一，内燃机的普及——为什么要因为一项新发明而烦恼？摩托车和汽油的价格不断下降。另一个解释更简单。虽然电力驱动自行车明显可行，但储存电力是一个问题。一辆摩托车可以廉价行驶数百英里，然后再加油。没有电池供电的机器能提供这样的范围或弹性。

但慢慢的，电动自行车愈加成熟。这是 20 世纪 90 年代，第一个切实可行的模式使用重型铅酸汽车蓄电池——通常电池的重量和自行车本的更换很便宜，被应用到很多其他如机动滑板车、高尔夫球车等器械中。范围仍然相对有限，通常比 10～15 英里多不了多少。

然而，在某些情况下，这些可能就足够了。早期的铅酸蓄电池电动自行车在中国极受欢迎。在 20 世纪 50 年代国家补贴之后，自行车已经发展完善。在 1998 年以后的 10 年里，电动自行车和

左图：1897 年大功率电动串联。

右上图：2010 年上海一台看起来蠢笨但有效的铅酸蓄电池电动自行车。

滑板车的销售量从每年的 56 000 辆增长到每年 2100 万辆，是汽车销售量的两倍多。据估计，目前正在使用的电动自行车有 1.2 亿辆。增长的部分原因是为了缓解拥堵和污染——在城市中心禁止驾驶汽车和摩托车。毫不奇怪，中国现在是全球领先的电动自行车制造商，每年产量超过 3000 万辆。

　　但在过去十年里，电动自行车技术的真正解放与电池有关。铅酸蓄电池价格便宜，但十分沉重。随着笔记本电脑和手机电池技术的进步，全新的电池系列已经上市。磷酸铁锂电池是最新的产品，是从为无线电动工具供电的高扭矩电池组演变而来的。它们重量轻，寿命长（可重复充电 2000 次），并且由于其重量可以成倍增加，因此电量可供自行车行驶超过 100 英里。但是它们很昂贵：而中国的铅酸蓄电池自行车大众负担得起，锂电池自行车却一直是一种奢侈品。像海比克（Haibike Xduro Hardnine）这样的山地电动自行车拥有 36 伏曲柄驱动引擎和 80 英里范围路程。充电可能只需要 5 便士，但买下它需要近三千英镑。

关于自行车的碎碎念

当你在自行车上开始漫长的旅程，并使用你最爱的车筐，里面总会有些不适合带上的东西。这就跟在写一本书时一样，所以这里有些东西哪都用不上，但我仍想写下来。

奥林匹克运动会

目前奥运会上的自行车运动有四个不同的领域：场地赛，公路赛，小轮车和登山车。在1896年雅典第一场现代赛中，只有前两项比赛出现。在这场比赛中，法国人保罗·梅森（Paul Masson）取得赛道上五个赛事中的三项金牌，个人冲刺赛，1公里计时赛和10公里赛。他的同胞莱昂·弗拉芒（LéonFlameng）取得100公里赛冠军，奥地利选手阿道夫·施玛尔（Adolf Schmal）赢得了12小时赛，骑行距离达314.997公里。唯一的公路赛超过87公里，由希腊车手康斯坦丁尼迪斯（Aristidis Konstantinidis）夺冠。

世界锦标赛

第一届世界锦标赛早于奥运会和世界自行车联盟。是由国际自行车协会组织，该协会是发明三速轮毂的亨利·斯图尔米（Henry Sturmey）的心血结晶。国际自行车协会成立于1892年，次年在芝加哥举行了世界锦标赛，设有三项比赛：1公里计时赛、10公里赛和100公里赛。美国人阿瑟·齐默尔曼（Arthur Zimmerman）赢得了两个短距离赛冠军，而来自南非的劳伦斯·梅因切斯（Laurens Meintjes）赢得了比拼耐力的长距离赛。

在国际自行车协会（ICA）因成员国之间的争端而分崩离析后，世界自行车联盟（UCI）成立于1900年，并自此一直举行世界锦标赛。与奥运会一样，赛事包括场地赛，公路赛，小轮车赛和越野赛。此外，还有鲜为人知的室内赛：花式单车赛和自行

车足球。前者是利用自行车进行体操,而后者实际上是自行车上的足球,但球是用自行车的一个轮子或车手的身体来"踢"。

速度

国际人力驱动车辆协会(简称 IHPVA),顾名思义,对人力驱动车辆感兴趣的协会。具体来说,它鼓励和制裁通过自己的努力去挑战人力速度极限的人们。在 2015 年 9 月的一整个星期中,博士托德·雷切特(Todd Reichert)在 200 米平坦的跑道上三次提高了人力自行车的速度记录。在 9 月 19 日达到最快时速 86.65 英里/小时(139.45 公里/小时)。

在一些帮助下,人力自行车的最快时速是 1995 年 10 月 3 日荷兰人弗雷德·罗珀尔伯格(Fred Rompelberg)创造的 268.831 公里/小时(167.044 英里/小时)。与雷切特不同,罗珀尔伯格在一辆电动短程加速赛车后面骑行。这个记录是绝对的世界自行车速度纪录。

弗雷德·罗珀尔伯格在创造自行车速度纪录时,紧跟一辆短程加速赛车。

> 汤米·戈德温（Tommy Godwin）在创下纪录后对喝彩答礼，我们去采访时，他仍站在那里。

> 汤米·戈德温（Tommy Godwin）的骑行总距离达75 065英里（120 805公里），相当于在巴黎和莫斯科之间往返20多次，或者在3年内骑行到月球了！

距离

1939年，一位名叫汤米·戈德温（Tommy Godwin）的英国人骑行了75 065英里（120 805公里）。这超过了一年骑行近10 000英里的前记录！每天骑自行车，如果你想打破这一纪录，必须每天骑行超过205英里（328公里）。当1月1日汤米·戈德温开始启动他的计划时，他没有想到，9个月后英国会向德国宣战。那时他已差不多完成了5万英里的路程，但距离已有记录还有15 000英里。破坏者没能阻止他，他继续前进，并在10月26日打破了伯纳德·波奈特（Bernard Bennett）的纪录。战争肆虐，但他的车轮不停转动，停电时就开着车灯继续前进。当年结束并且已经打破纪录时，汤米仍继续骑行，因为另一个目标走进了他的视野；最快骑行到10万英里。他于1940年5月达到了这个数字！

就在去年，超马拉松自行车协会宣布它将要证明戈德温的纪录被打破，并且随着本书的推出，两位车手已经对此发起了挑战。英国的史蒂文·亚伯拉罕（Steven Abraham）在与汽车发生碰撞后撞伤了一条腿，所以2015年他看起来不太可能，但他从8月初开始一直在努力并同时开始进行尝试。而且迄今为止，美国的寇特·希尔沃格尔（Kurt Searvogel）一直在进行非常有针对性的尝试，平均每天骑行208英里（335公里）。

在太空中骑自行车

　　美国国家航空航天局的国际空间站以每小时256英里（410公里）的速度绕地球运行，90多分钟就能环绕地球。站内最多可容纳六名宇航员，几乎可以保证在任何特定时刻都有人在骑自行车。

　　宇航员要保持身体健康需要比我们在地球上做得更多。我们从行走等日常活动中就能得到很多锻炼，但在太空中并非如此。在失重的情况下保持身体健康是很困难的，因为身体没有力量去抵抗。如果什么都不做会出现肌肉萎缩，骨丢失的症状。宇航员对付这种问题的方法之一就是骑固定在舱体内的自行车。这种自行车与你在健身房中看到的差距不大，虽然它与平面固定的没有那么牢固，有一点漂浮。

致 谢

  像学习骑自行车一样,制作一本书也是起起落落。但是因为凯蒂·丹尼(Katy Denny),简·威尔(Jen Veall),莎莉邦德(Sally Bond)和米歇尔·麦克(Michelle Mac)的宝贵帮助,我落得不多。尼古拉·纽曼(Nicola Newman)为我们担当着所有人的稳定器。我衷心感谢大家。我还要感谢凯蒂·考恩(Katie Cowan),车座后面的力量来源,是他让我在恰当的时间重新回到真正的自行车上。也感谢边境梗犬鲁恩(Roone)始终认为我是最棒的。继续蹬!